これ喰ってシメ！

久住昌之
画・久住卓也

もくじ

これ喰ってシメ！

『これ喰ってシメ！』特選

個人経営飲食店十撰

おはようごはん

本文イラスト　久住昌之
装画、扉画、四コマ漫画　久住卓也

これ喰って
シメ！

これ喰ってシメ！　まえがき

これは、どうしてこの本が生まれたかという、本当の前書きなんで、読まないで飛ばしてもいいです。

そもそも「これ喰ってシメ！」というのは、二〇一二年から週刊漫画誌『漫画ゴラク』に、一ページの連載エッセイとして書かれたものでした。

その後、漫画家の武田すんさんと組んで、このエッセイを元にした「これ喰ってシメ！」という漫画を、同誌に連載しました。

マンガ化にあたって、武田すんさんと編集者と打ち合わせ（飲み会）を重ね、「敏腕女性編集者・神保マチ子」と、その「後輩編集者・岡野ひじき」というキャラクターを作りました。

その二人が、仕事や取材の後に腹をすかして飲んだり食べたりして、シメをどうするか？とジタバタする、いわばコメディマンガになりました。

エッセイを元にはしているけど全然違う連載になり、それは二〇一八年に『これ喰ってシメ！』という単行本にまとまり、その後二巻まで出ました。

武田すんさんは、担当編集者の紹介で初めてお会いしたマンガ家さん。全く組んだことのないタイプの絵柄で、多少とまどいながらも、それもまた楽しい連載でした。

さて、あっという間に月日は経って、ボクのエッセイを何冊も出してくれている出版社のカンゼンから、「これ喰ってシメ!」の大元エッセイを単行本にしませんかという話をいただきました。

長くなっちゃったけど、それがこの本というわけ。

なんと十二年前のエッセイで、自分で読んで驚いた。若い。今よりいっぱい食ってる飲んでる。しかもすごい深夜まで。

コロナ後の今、とてもこのまま本にできないと思いました。皆さん外で飲んでも引きが早くなったし、店も深夜までやってなくなった。ボク自身も飲み方食い方変わったし。いつの間にか六十超えてるし。

それで、大幅に加筆修正しました。

とはいえ変わってないとこは全然変わってなくて、読み返してて苦笑することもしばしばでした。

まあとりあえず読んでみてください。で、読んだ後、飲みに行った時の皆さんのシメが気になります。こっそり覗いてみたい。

味噌汁でシメ！

あ〜、味噌汁
シミルわぁ〜
串カツ 690
あじフライ 530
コロッケ 450
とか言って翌日
具が何だったか
覚えていない
そりゃよかった

居酒屋の座敷で何人かで飲んでて、そろそろお開き、というところに店主が現れ、

「シメになめこ汁をお持ちしましたぁ」

と、お盆に湯気の立つお椀をのせて持ってきた。

「うわぁ、ありがとうございます！　それは最高すぎます！」

俺たちはびっくりして、狂喜するだろう。俺は万歳してしまうかもしれない。

実際すばらしい。飲んだ後に、なめこの味噌汁。

酒を飲み続けた口に、あのちゅるんとした丸いなめこが、汁とともに入ってくる心地よい喜び。

なめこって、清純な感じがする。だらしない酔いが、ハッと姿勢を正される。

もちろんおいしいし、おなかにやさしい。

なめこの味噌汁には、酒飲みを黙らせる、やさしい説得力がある。

だがしかし、その一方で「ああ、もうおしまいか」という一抹の淋しさが、心の片隅にぽっと灯るのも、酒飲みの心理だ。

それを出されたら、観念するほかない。観念の汁物。無念、にも近い。残念、でもある。

「シメ」という言葉には、酒を出す側の「残念ながら」という表情をしながらの、

「金を置いて、出ろ」

という脅迫がある。

いやいや、脅迫は言いすぎた。

親切、好意、善意、感謝の一杯を「脅迫」とはなんだ。

そういうねぇ、キミ、酒飲み、酔っぱらいの自分勝手な考えはやめたまえ。だから、あれだ。そうじゃなくてね。


そう、シメの汁は、やはり自分で決めたい。自分から頼みたい。

自分を脅迫するのだ。

「いい加減にしろ。これ飲んで、帰れ、俺」

それなら誰にも文句は言えない。汁を出してくれた店のご主人を逆恨みするような、酔っぱらった馬鹿な考えは、生まれない。そうでしょう。

そういう地点に立って考えるシメは、真剣だ。真剣勝負だ。

生半可な気持ちで、

「すいませーん、味噌汁かなんかできますかぁ、インスタントでもなんでもいいんで」

という甘ったれは、ダメ。「かなんか」「でもなんでも」なんて甘えの最低地べた。

酒と、今生《こんじょう》の別れを惜しむ気持ちで、真摯な態度で選ばにゃあ、いかん。

そうした場合でも、なめこ汁の清純は、かなりの上位。酒との訣別に、ふさわしい味噌汁と言えよう。言えようって、ナニサマだ。

なめこに言われちゃしかたねえや、ハハハ。と、頭をぽりぽり掻《か》く。苦笑いで啜《すす》る、一杯のなめこ汁。

なめこ汁は赤だしでもいい。その場合、細かい賽《さい》の目に切った豆腐が、少量入っていてもいい。ほんの少し、切った三つ葉を散らしたら、もう最高。酒に未練はねえ。って、まだ言ってるよ。

最近のインスタントのなめこ汁もかなりレベルが高くなってる。馬鹿にできない。いや、昔からインスタントを馬鹿になんかしていないけど。

「話はわかった。だが、シメの味噌汁はなめこばかりではないぞ。拙者《せっしゃ》を忘れてもらっては困る」

ずっと黙って聞いていたが、少し笑うようにして手を挙げたのは、身なりのよい商家の倅《せがれ》といった風情《ふぜい》のしじみ汁だ。

しじみの味噌汁。

この出汁《だし》いらず、具材がそのまま出汁でもあるという、優れた食材・しじみ。肝臓にいい、というのもホントかどうか知りゃしないが、己の内臓にいいことをしているような、酒飲みの罪滅ぼし感がよろしい。

だけど、実際、汁をゴクリと飲み込んだ時、確かにからだによさそうな味がする。なんだろう、あの「滋味」と漢字で書きたくなるような味の正体は。

ネットで調べりゃわかるかもしれんが、ネットで調べてわかったところで、なんだというんだ。酒飲みは「オルニチン」って言葉だけは知ってる。ご都合主義知識。でもあの味がオルニチンなわけはない。ナーンにも身に入ってない言葉。

オルニチンチン問題は置いといて。

しじみ汁の実を、つまり貝殻の中身を、食べるか食べないか論争はしばしば起こる。自分はどちらでもない。食べたい時は食べる。小さすぎてめんどくさい時は食べない。

しじみの小さな身を全く食べなくても、罪悪感はなくなった。

若い頃は少しあった。作ってくれた人に対して、残すのが悪いような。遥かなる漁師さんに申し訳ないような。

罪悪感の消滅は、歳をとって、人間が図々しくなったせいだと思う。

「あれはもう、出汁が出きったカスだ。そんなカスを無理して食べなくてもいい」

と自分に言い聞かせてるフシもある。

でも人がしじみの貝殻を箸の先でほじくって、その身をちまちまと食べている姿は、ちょっとニホンザルっぽくてかわいい。特に老眼の人が、しじみの身を突き回してる時の、あの目が好きだ。なのに、なぜ歯を食いしばり……そんなにしてまで。

「おいおい、しじみ殿。貴殿がそれがしの身から出る出汁で、他の出汁いらずというなら、このあら汁めを忘れてもらっては困る」

とのっそり腰を上げたのが、顔中髭だらけの漁師、あら汁だ。

魚のあら汁。

これもうまい。魚の出汁が凝縮されている。骨の間に魚肉が残ってるがあれは食べんでもよい。しじみにまして、残してもなんとも思わない。

そもそもがアラだ。料理に使って残った部分。そこからまだ出汁を搾り出そうという人間の浅ましさ、あれはカスの中のカスだ。

とまでは言わない。（って、もう言ってんじゃん）

無駄なものを出さない、漁師さんが獲った貴重な食材を、端の端まで大事に使う、知恵だ。捨てるものから滋味を得る、先人の創意工夫。

だけど、無理して骨だらけのアラを食おうと無理して、骨が喉に刺さったりしたら、大マヌケだ。

まあ、あんまり真面目に考えすぎないで、残したほうがいいと思います。

まあ骨にくっついた身を食うかどうかは別として、あら汁の汁は、うまい。

実際にシメにサービスで出してくれる店があった。少し油が浮いてて熱くてうまかった。

だが、うまいけど、これをアテにもう少し日本酒が飲みたくなる。冷やで。だからダメ。と、いうことに今回はしておこうや。

おこうや、って、なんのつもりで誰に言ってんだ俺。


「黙って聞いておれば、出汁、出汁と、本来の味噌汁の主人公たる具の旨《うま》さをそっちのけじゃあ、わしらの立場がない。のお、蕪よ、大根よ」

ところどころツギあてのある粗末な着物を着た農民の集まりから、弁の立ちそうな涼しい顔をした茄子が、そう言って、隣の蕪と大根を見る。

蕪はちょっと照れ臭そうに下を向いて「へへへ」と笑って小さく咳払いをする。

大根は、困ったような顔をして、大柄のからだをモジモジさせて黙っているが、口元には人のよさそうな笑みが浮かんでいる。


確かに、できたての茄子の味噌汁はうまい。

縦にふたつに切って薄めにナナメに切ったのが好きだ。

何はともあれ作りたてがおいしい。茄子紺色は時間が経つとすぐ茶色っぽくなる。それとともに味もガクーンと落ちる。

酒を飲み終わったところに、できたての茄子の味噌汁がスッと出たら、観念する。もうその日は全て終了。お金を払って帰る。なめこ汁より厳しい。

ぬか漬けの茄子もぬか床から出したてが飛び抜けてうまい。

鮮やかな紫からごく薄い黄色へのグラデーションが目に麗しく、舌に優れて美味である。だがその味も話に夢中になって放っておくと、たちまち失われる。


蕪の味噌汁もおいしい。葉っぱを細かく切ったのを一緒に入れるとなおいい。

蕪も子供にはそのおいしさが、理解できない野菜のひとつだ。

草カンムリに「無」というその名前。

ちょっと禅問答のような野菜名はなぜついた。

これも長く味噌汁に浸けおく、煮おくと、ぐずぐずになってしまい、まことによろしくない。蕪が若干硬いと感じるくらいの味噌汁が、うまい。食堂などではそういう蕪の味噌汁には、ほとんどありつくことができない。

蕪も、ぬか漬けにしてもうまい。葉のぬか漬けも大好きだ。細かく切って、少し醤油をかけるとめしが進む。これは味の素を少し振るとよい。

いかん、味噌汁のことを書くと、ついぬか漬けのことがセットで現れてしまう。これは俺の育ちのせいだろう。


蕪を先に書いてしまったが、大根の味噌汁は蕪よりもスタンダードだ。

朝ごはんにもいいが、飲んだシメにもいい。大根は薄めの銀杏に切るか、あと、細く棒状に切ったのもおいしい。

大根の汁物界での活躍は、言うまでもない。

けんちん汁。豚汁。のっぺ汁。おすまし。お雑煮にも入る。

それだけでなく、煮物、おろし、切り干しと、日本の野菜料理の中での活躍ぶりはすごい。実は野菜界の首領《ドン》かもしれない。でも温和で、絶対出しゃばらない。

大根の葉も蕪同様、細かく切って味噌汁に入れるとシャキシャキしておいしい。本体の大根がやわらかくなりがちなところを補って余りある働きをする。スーパーで捨てられるのが残念である。

「………（笑）」

集まりの端で、それぞれのシメ自慢を聞いて、何も言わず顔を見合わせくすくす笑っている夫婦がいる。

豆腐とわかめだ。横で寝息を立てているのは、まだ幼い子供のネギだ。

日本味噌汁会のスタンダードとして、豆腐とわかめの味噌汁も忘れちゃいけない。

これに限って、朝作ったやつの残りを昼や晩にあっためて啜ってもうまい。

作りたてもよし、煮込んでもよし。懐が深い。自分から意見しない。

いかなるめし、いかなる酒のシメにも、パッと対応できるのは彼らぐらいだ。

いや、それこそこの味噌汁に限っては、冷たくなったのを鍋から直接おたまですくったままを口につけて、それも台所で立ったまま啜るのがうまい。

これは家の者に見つからないように啜るのが、もっと旨くする。

まあ、とにかく、汁物は酒のシメにいい。

酒と同じ流動物で、酒を飲んだ流れで飲めるからだろう。そういう意味で、じゃがいもの味噌汁など、具沢山はあまりシメに向いていない。お雑煮なんて最悪。ってそんなん飲んだシメに出すやつぁいねえか。え？　好き？　いつか餅を喉に詰まらせて死ぬよ。

汁の中でも、味噌汁は日本人の舌に慣れたものだから、親近感がある。身内の味だ。「マズくて食えたもんではない！」なんて味噌汁には、なかなか出合えない。もちろん塩《しょ》っぱいの、水っぽいの、出汁が効いてないのはあるが、そこのジャッジは甘い。

そして熱いからゴクゴクとは飲めぬ。フーフーと吹いて冷ましながら、ズズ、ハァ〜、と飲むところがシメにいい。その姿がシメだ。

さ、もうこれ以上飲もうとするのは諦めなさい、と時間をかけて説得されているようなカタチである。

「お前、やっただろ！」

と上から怒鳴りつけられるのではなく、穏やかな声で、

「まあ、キミもいろいろ辛かったと思う。これで少しあったまってくれ」

と言われているような。

あるいは小学校のクラスで、皆に責められる中、少し好意を寄せてる女子に、

「でもクスミ君だって、今までがんばってたもんね」

と言われたような。反抗心に震えていた感情のバランスが崩れ、涙腺が決壊してしまう。

って、いくつだよ！

すいません。シマらないので、この項、終わります。

この湯気にもやられる
しじみ汁で観・念・する。
しみる。

カレーでシメ!

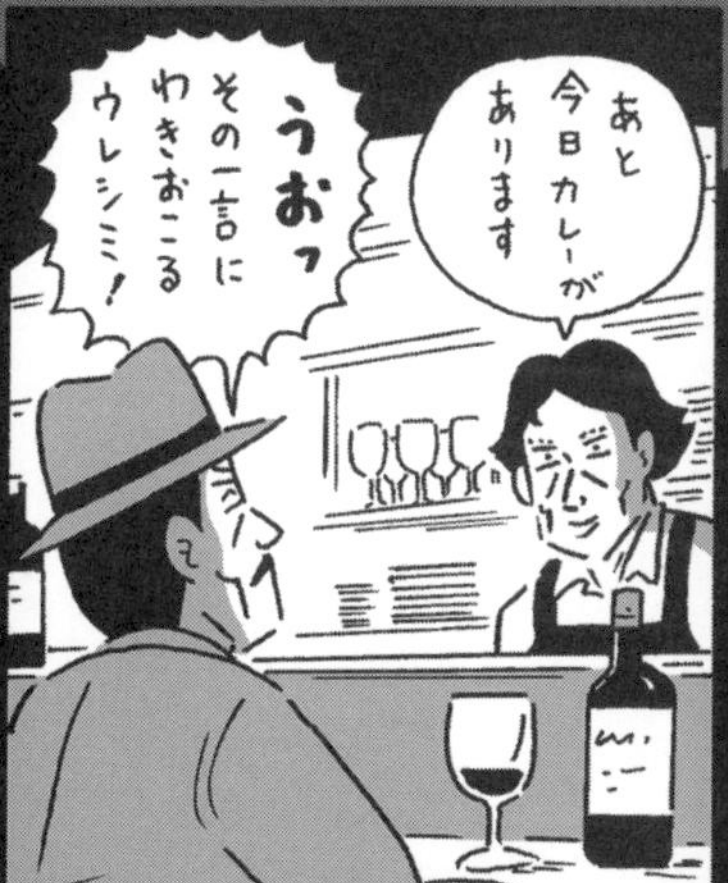
あと今日カレーがあります
うおっ その一言にわきおこるウレシミ!

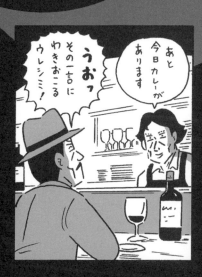

アナタが、仕事の打ち合わせがてら、仕事場の近くの居酒屋で飲んだとしよう。打ち合わせが終わっても、雑談が尽きず、ウーロンハイのおかわりを何杯もしてしまう。

店を出た時は、結構酔っていて、時間も遅く、仕事場に戻っても仕事できないな、とアナタは思う。

それで、自宅に直帰した。夜十二時前か。

そしたら家の者はすでに寝ていて、食卓はしんと静かだが、おや、かすかにカレーの匂いがするような気がする。

見ると、テーブルの端に、楕円のポリ容器が置いてある。

これは、見覚えがある。少し離れたカレー専門店のカレーライスではないか。

中身は冷めてもおいしいキーマカレーと見た。前にも買ってきたことがあるからだ。

突然、忘れていた食欲が、胃の腑《ふ》に沸き起こる。

そうだ、俺は腹が減っている。アナタは突然気づく。

さっきの店では、話に夢中で、肴はミョウガキュウリとかタラコ焼きとか、そんなものしかつまんでいない。夕飯は食べていなかったから、腹は減っているのだ。

なんだろう、この、それまでの会話や思索や行動をぶった斬って割り込んでくるような、傍若無人で扇情的なカレーの匂いは！

コートを脱ぐことも忘れて、アナタは容器の蓋を開ける。

やっぱりそうだ！　さらにダイレクトなスパイスの香りが鼻腔を襲撃する。

目からも、刺すようなカレーの色とそれに想起される味がなだれ込んでくる。

さらなる空腹が、制御不能の食欲が、アナタのからだの底から、活火山の噴火のように天高く突き上げてくる。

カレーは黄褐色の大悪魔か。

いや、もう悪魔でもなんでもいい。アナタは目の色を変えて、プラスティックのスプーンを引っ掴み、コートを着たまま、帽子も脱がずに、立ったまま、ひと匙のカレーライスを口に押し込む。

慌てすぎて、ちょっとごはんがテーブル、いや床にこぼれた。かまわない。

ウォー、これだあれだ、うめえ！

ここでやっと我に帰って、アナタは帽子を床に投げ捨てる。スプーンを置いてコートを脱ぎ、少し離れたソファに投げつける。

そしてあらためて、椅子に座り、テーブルに向かい、二匙めのカレーを食べる。

うまい。やっぱうまい。辛い。だけどそれがまたうまい。

アナタは思う、こんなウマイものがあるだろうか。ない。血迷っている。付け合わせは、アチャール。インド風玉ねぎの酢漬け。これがまためちゃくちゃイイ。しかもこの店はそれをケチっていないのがエライ。アチャール最高の脇役。空《す》きっ腹《ぱら》で飲んで、早くに酔って、少し歩いたりバスに乗ったりして、完全に腹が減っていた。だが酔いで感覚が麻痺していた。

それがカレーの魔力で、空腹はランランと覚醒した。

もう食っているのに、食うほどに腹が減っていくような錯覚。

四、五匙食べて、アナタはようやく我にかえる。

「レンジでチンしたほうが、うまい」

アナタは突如閃いて、カレーライスの容器の蓋を閉め、電子レンジに入れ、時間を設定してスイッチを入れる。

その足で冷蔵庫に向かい、缶ビールを一個取り出す。

コップを持ってテーブルに戻り、冷たい缶の中身をそこに注ぐ。もう飲まなくてもいいビールかもしれない。でもカレーを黙ってじっと待ってられない。

飲む。

アー！　再びウマイ。

今が、このビールが今日の仕事の打ち上げだ。さっきの酒は打ち合わせの延長だった。仕事半分だった。この一杯が本当の今日もお疲れさまビール。……呑兵衛の屁理屈である。わかってる。

「チーン」

レンジが鳴った。

若い頃は、この「チーン」がダサいと思った。電子と名乗ってるくせに、ダイヤル式の黒電話のベルみたいに前近代的で、古臭えぞと思った。

でも最近は、このチーンが、凛々しくて、正直で、野太くて、いいと思う。

世の中は、いつの間にか電子音で溢れている。ピロロロとかヒンファンとかジャーンとかキラリランとか。全て大小のスピーカーから出るデジタル音だ。

電子レンジの「チーン」は、お寺の鐘に近い物質感がある。金属を叩く音。

これだけデジタル電子機器に溢れ返った世界だ。台所に小さなお寺の鐘があったって、いいじゃないか。

レンジでチンする、という言い方は、お寺でゴンする、というようなものだ。ちょっと、いや、全然違うか。

アナタは頭を掻く。

って、俺は自分の思ってることを、全部アナタに言わせてるような気がしてきた。

ごめん。そうかもしれない。

とにかく、カレーがあったまった。

ここからが本番だ。今までの食いは、全部勇み足でした。

温かいカレー、やっぱり、ウマイ。冷めてもウマイというのは嘘かもしれない。嘘っていうか、嘘じゃないけど、熱いカレーが温かいごはんにかかってるのがやはり本道。

コックさんはこれを食べてもらいたかったのだ。慌て血迷って、そこにレンジがあるのに、冷たいカレーにがっついてごめんなさい。

うーん、口の中に、鼻の中に、複雑な香辛料の刺激が、たまらない。

インド人、すげえ。今さらすいません。

でも極東の日本人料理人の、本場インドカレーを日本で再現して、より日本人の味覚に合うようにアレンジしてるセンスと技術と努力、すげえ。

俺はできねえ。黙って食うことしかできない、チビで黄色い無力な日本人だ。

とアナタは思う。

このカレーが、ビールのツマミになる。カレーの懐の深さ。

でも三五〇㎖の缶はもう空《あ》いた。

ここからが本当のカレージメだ。

カレーはまだうまい。でももう少ししかない。名残惜しい。ひと粒も残さないぞ。

もう食べ終わろうとしてるのに、まだアナタに「食べ切るのが惜しい」と思わせるカレーは大したものだ。

食べ終わって水を飲み、大きく息をつく。うまかった。大満足。

あとはパジャマに着替えて、歯を磨いて、寝るだけだ。

あ、忘れていた。テーブルにあのカレーライスを置いてくれた家の者に大感謝だ。

こんな一日のシメが待っているとは。

おやすみなさい。


（追記　テーブルのカレーは、そこに置いた者が、翌日自分で食べようと思って買ったものだった。大変。アナタはどうする？）

『これ喰ってシメ！』特選
個人経営飲食店十撰①

コクテイル
（東京・高円寺）

いいセレクトの古書も売っていて、飲むとつい手が伸び、読むと買って帰りたくなる。小説から作った「文人料理」も旨い。

蕎麦湯でシメ！

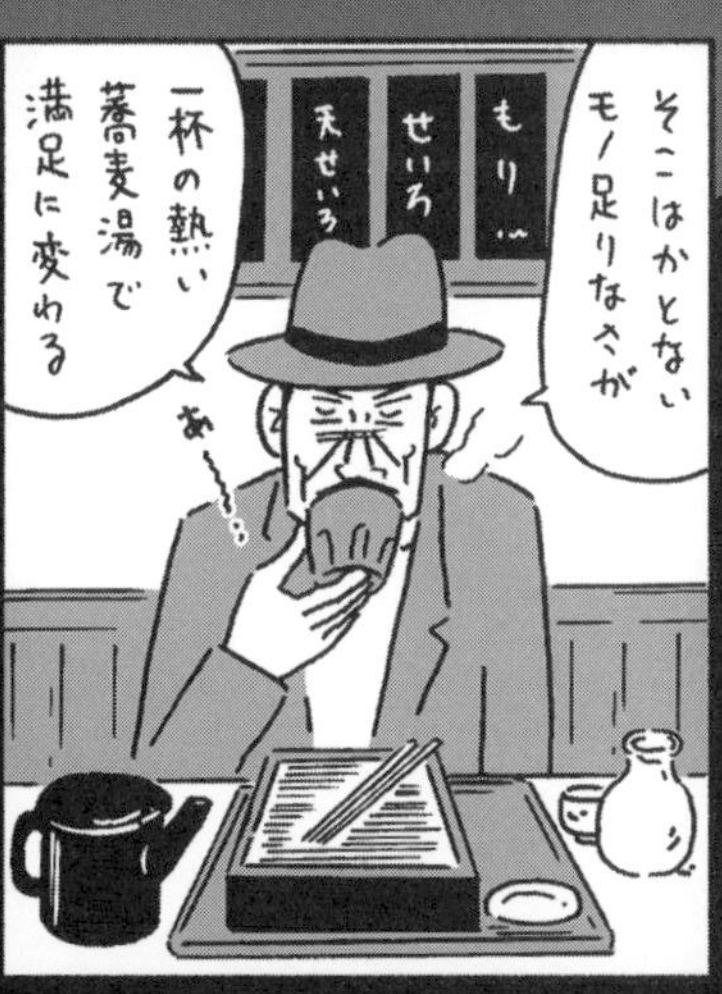

そこはかとないモノ足りなさが
もり…
せいろ
天せいろ
一杯の熱い蕎麦湯で満足に変わる
あ〜〜…

子供の頃は、わざわざ蕎麦屋に行って蕎麦を食べるなんてことは、なかった。というか「外食」ってことを全くしなかったのだが。

実家では、出前をやってる近所の蕎麦屋から、時々たぬきうどんを取って食べていた。夏は冷やしたぬきうどんだった。メニューはそれしか知らなかった。

ざるそばは、誰かが取ったのを流れで食べたことはあったが、別にうまいとも思わなかったから、味なんて全然覚えていない。

蕎麦を、蕎麦と思って初めて意識して食べたのは、中学生の時だ。

バスケット部で、隣町の学校に試合に行った帰り、先輩が駅前の立ち食いそば屋で、かけそばを奢ってくれた。顧問の先生がいなかったからそんなことができたのだろう。

その時、一杯七〇円だった。十三歳は驚いた。そんなに安くていいのか。

チョコレートより安い。一食がお菓子より安くていいのか。

しかし七〇円の蕎麦は熱くて、うまかった。

食べ盛りで腹が減っていたのもあるが、確かにおいしいと思った。カウンターのネギを自分で取って好きなだけ入れていい、というところもちょっと衝撃的だった。

だけど、それは安さと「奢り」という人生初めての食経験が、かけそばを輝くご馳走と感じさせただけかもしれぬ。

中学一年生に、蕎麦そのもののうまさなんて、まだまだわかるわけがない。

初めて蕎麦を、寿司天ぷらに並ぶ日本のご馳走にもなりえる食べ物と知ったのは、大学生になって音楽仲間の先輩に、神田の蕎麦屋に連れていってもらった時だ。

大勢のお客さんが明るいうちから、燗酒を飲んでいるのに驚いた。先輩は、

「蕎麦屋は、真っ昼間から堂々と飲める場所だよね。ツマミもいろいろあるし」

と言って笑った。ボクは大人の世界を覗いた気がした。

そこで初めて手打ち蕎麦を食べ、そのおいしさに目を丸くした。

そして蕎麦屋には「蕎麦湯」という不思議なサービスがあることを知った。あの四角い独特の容器も、その時に初めて見た。

まあ、それから、いろんな手打ち蕎麦屋に行ってみるようになった。

歴史のある店にも行った。新しい店にも行った。地方に行った時も、わざわざ蕎麦屋を探して食べに行った。

実家の近所にできた手打ち蕎麦屋で、店の主人がガンコでコワイとこにも通った。

でもある時、そのコワイ主人が、俺の後ろを通った時、真後ろで屁をこいた。

「ブッ」

という音は、ＢＧＭもテレビもない、静まり返った店に、確かに響いた。

もちろん故意ではないだろう。ハズミで出ちゃったのか。主人は無言で通り過ぎ、カウンターに入って、むすっとした顔で仕事を続けた。

しかし、ものを食ってる俺の後ろで、屁をこくとは何事ぞ。

その一件以来、俺はその蕎麦屋のことを「屁こきそば」と呼ぶようになり、のちに「ヘコキ」と略した。もちろん、身内の知り合いたちの間だけであるが。

ま、屁をこかれても蕎麦の味には変わりないから、その後も行った。二発目はないけどな。

その店も、屁こき主人の高齢化で閉店した。

だが今や俺はその店の、本来の店名を思い出せない。ヘコキは、ヘコキ。ヘコキ固定。

その屁こき主《あるじ》がある晩、

「蕎麦湯ってのは、不思議なもんで。飲んで、蕎麦ぁ一枚たぐって、ちょっと物足らねえなぁと思っても、コイツ（蕎麦湯）を飲むと、スッと腹が落ち着く」

と、ひとりごちるようにつぶやいて口元を緩ませた。

確かにそうだ、と思った。屁はこいても、さすが蕎麦屋だと思った。シツコイ。

蕎麦湯、蕎麦屋のシメだ。

よくできたシメの一品。

客は皆、熱いまま、あるいは汁に落としてぬるい状態で、蕎麦湯を飲み、満足した顔になる。

しかも、それはメニューに載っていなくて、基本、蕎麦屋のサービスとして供される。

不思議なサービスジメである。

『これ喰ってシメ！』特選

個人経営飲食店十撰②

味多香庵

（東京・三鷹）

昔から続く町蕎麦屋。午後の日差しが入る時間にビールのち蕎麦が最高。絵本がたくさん置いてある。夏限定冷やし中華も最高。

（そばとうどん 味多香庵にて）
一周まわって町蕎麦屋
Q.B.B.（休日は・ビフテキ夢みて・ボンカレー）
平日の午後2時 空いてる明るい店内で
グッピーながめてビール
い〜なァ
老舗十割手打ち「蕎麦屋の流儀」とかウルセエっての！
おつまみセット ビール合わせて 1000円！
ふきのとうの天ぷらと日本酒を一合だけ
もう最高の時間《ひととき》！
シメはあったかいせりそば！
ずずっ
しかも「ぐりとぐら」読みながらって自分に爆笑！
お茶
ぐりとぐら
店内に絵本多し

飲んだ後のラーメンジメ！

わかってるよ!! 入らないよ!! 深夜だし 飲んだ後だし
でぶラーメン
中華そば
でも… でも… 絶対ウマイ
コッ…

もうやらないけどさ、もうやらないけど、飲んだ後のラーメン、うまい。

もう食べないけどね。

デブるから。内臓脂肪がつくから。

寝る前にラーメンなんて食べると、胃にも負担がかかるし、特に中年以降はお腹に脂肪がつく。年取ると脂肪がつきやすい。しかも、ついたものが若者のように簡単に落ちない。

知ってるよ。わかってる！　何回も書くな。

でもこんな春、あったかくなってきて、晴れた日曜日の昼には、通りに出れば早くもTシャツ姿の女の子がいたりする。最近はおへそを見せている子も多い。

桜が咲くと、やっぱり日本人は、春の陽気に心が軽くなる。

今度の週末は晴れそうだから、久しぶりにお花見でもしましょう、ということになって、午後から公園に集まる。

みんなで久しぶりに青空の下、飲んだり食ったり笑ったりする。

でも、暗くなってきたら、座の隅に黙って肩をすくめ、寒そうにしてる女の子がいるのに気づく。そういえば自分もお尻のほうから冷えてきてる。そう、お花見の頃、夜はまだまだ冷えるのだ。

じゃあどっか店に入ってあったまろう、ということになってみんな立ち上がって、敷物など片付ける。

で、ゾロゾロ駅前に向かい、チェーン店の居酒屋に入る。

そこでお花見の続きをするのだが、それも誰かが「私そろそろ……」というのをきっかけに、解散ということになる。

自分もちゃんと電車で帰って、自宅のある駅に寝過ごさず到着する。

ここまで、前置きが長かったが、この前置きが重要なのだ。

この半日の長い前置きのお花見の中には「昼飯」「夕飯」が入ってない。

確かにお花見には、唐揚げもあったし、卵焼きもあった。ちらし寿司を作ってきた人もいたし、ピザを買ってきた人もいた。その場で作るフランスパンのブルスケッタを振るまう子もいた。

食べ物はいろいろ広がっていたが、でもどれもつまむ程度で、あんまり食べないでしゃべって飲んでるのがお花見というものだ。(それは自分が酒飲みだから、という説もあるが)

ひとり、自宅のある駅前に降り立った時、ふと、空腹を覚える。

と、その時、眼前に忽然とラーメン屋が現れる。

って、昔からそこにあるんだけど。

今食べたらきっと、ものすごくウマイ。狂おしいほどそれがわかる。ラーメンのスープが恋しい。醤油ラーメンの、透明な脂が少し浮いた熱いスープ。刻みネギが散らばった上に缶入りのコショウ振って。

ちぢれ麺も恋しい。つい最近も食った気もするが。昨日の昼食ったような気もする。いや食ってる。でもそれが遥か大昔のようにも思える。

酔ってるせいか。そうです。知ってる。

店で客が食ってるのが見える。カウンターでラーメンを啜ってる、丸まった背中。あの背中がウマそうだ。首が上下してる。食ってる啜ってる。あー、レンゲ使いやがった畜生。いいなぁ。

どんどんラーメン屋の自動ドアがどんどん大きくなっていく。店がこっちに来るわけないから、ボクが近づいているということだね?

わかってるって。食べないほうがいいっていうんでしょ? だから、ちょっと見るだけ。

それにしてもこの店のラーメン、こういう時に、おっそろしくウマイんだ。そもそもが、昼間に食べるようなラーメンじゃないんだよ。夜のラーメンなんです。

酒を飲んでから食べると異様にウマイ。なんでだろう？

まさに今です。このタイミングがベスト。もうからだが欲してる。あの味を舌が、前頭葉が憶えてるんだね。酔っていても。からだは正直だ、って昔の人はいいことを言う。

どうしよう。足は止まった。俺はまだ大丈夫。

理性《ココロ》が欲望《カラダ》に勝った。

寝る前にラーメンなんてダメ。一番ダメ。デブ。腹ぽて。だぶだぶ。中性脂肪。

でも、正直、食いたい。狂おしいほど。今、身がよじれているかもしれぬ。

こんないい春の宵、桜の宴《えん》の後の、一杯のラーメン。またとないチャンス。千載一遇。盲亀《もうき》の浮木《ふぼく》、優曇華《うどんげ》の花。

この機会逃すと、もうこーんなウマいラーメン、一生食えないかもしれないぞぉ～。

「ぞぉ～」って、誰だよお前。

明日後悔するのは、食ったことをか、食わなかったことをか。わからんぞ人生。さぁさぁ。ボヤボヤしてると、店終わっちゃうぞ。麺売り切れにつき、早じまいもあるぞ。

わかった。汁は全部飲まない。チャーシューも半分残す。譲歩する。

よし、それで手を打とう！

なに、全部食べなくたっていいんだ。舐める程度で。って、そりゃ酒だ。ははは、じゃ、行きましょうか！

うわぁ、王様万歳！　やった。おめでとうございます、よかったね。

でもこれが最後、金輪際、誓って一生絶対夜中に飲んだ後にラーメン食べない。今生の思い出だ。

じゃ、失礼っ。

「いらっしゃいませ」

「醤油ラーメン。……あ、ニンニク入れて」

ステーキでシメ！

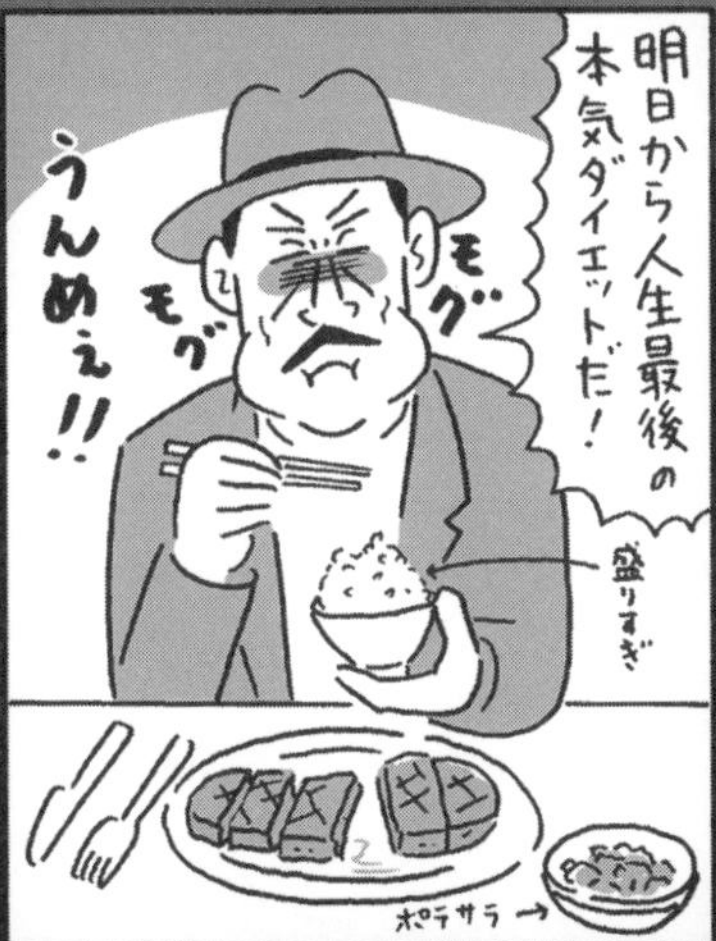
明日から人生最後の
本気ダイエットだ！
モグ
モグ
うんめぇ!!
盛りすぎ
ポテサラ

ちょっと太ったか。風呂で思った。

いや、確実についた、贅肉。腹。

えぇー、何これ。この、ぶよんちょ。掴めるし。やっだなぁ。

春で食欲があるからか。年齢か。運動不足か。不足だ。ダイオウブソクムシ。

ヤバイ。ダイエットだ。夏までに痩せよう痩せないと。

そうだよ、Tシャツを着た時、腹が出てるのはみっともない。

プールが、海が、俺を待ってる。なのに裸が醜いのは嫌だ。

よし、痩せよう。同い年の友人は一切の炭水化物を断《た》って、三カ月で十四kgの減量に成功した。見事に腹を引っ込めた。それだ。（その後、彼はリバウンドしたが）

でも今、猛烈に腹が減っている。

だけど何も、今の今から、いきなり炭水化物つまりごはん麺パン、やめなくてもいいだろう。突然全部ストップ、は性急すぎないか？

ビックリしちゃうよ、からだが。逆にからだに悪い。断食だって、いきなり食べるのやめたりしない。徐々に減らそう。

明日の、夜から。明日の夜から、段階的に炭水化物やめます。

朝はいい。朝はごはん、よし。おかずはしらす干しとかで、質素にね。

昼は、ごはんダメ、そのかわり麺はよし。

いや、麺でもラーメンはダメだ。スープがデブの元凶。うどんも、やめよう。うどんは見るからに炭水化物だ。見た目デブ。白デブ。

だから麺は蕎麦のみ。黒ホソの蕎麦。そうしよう。

でも、天ぷらそば、肉そばなど油系はNG。きつね・たぬきもやめておくか。もり・かけ、のみ。

うーん、ちょっと寂しいか。じゃあ山菜、山菜そばまではいいでしょ? って、誰に問うてんだ俺は。

で、ダイエットメニューに慣れてきたら、朝も果物とかヨーグルトにする。それだけ。バナナ一本とか。りんご一個とか。チチヤスのヨーグルト一個。

納豆を単品で食うとかね。聞いたことがある。納豆は大好きだ。それ、いい。

夜はまァ普通でいいけど夜九時以降胃にものを入れない。

よし、ダイエットの日常、見えてきた。できると思う。できないようじゃ、男としてダメだよもう。男っていうより老人。おじいさんだ。ダメジジイ。

てか、ダイエットってのは、まだ若いからこそできるもんだ。

本当にヨボヨボに歳とったら、ダイエットもできないんだから。

馬鹿に追い込むね、今日の俺は自分を。何かあったのかい？

ま、そういうことになると、今夜は炭水化物最後の夜だ。

ダイエット前夜のシメの夕食、どうする。何をオカズに白いごはんを食おう。

刺身。刺身もいい。

鮪のウマいのに醤油とワサビつけて、白いごはんにのせて食べてごらん。タマラナイよ。鮪の握りがウマいのはもちろんだけど、刺身で白めしも旨い。思わず「旨い」と漢字で書きたくなった。和の心地ですかね。

刺身とごはんは無敵の組み合わせだ。異存はなかろう。

でも、ちょっと待て。今夜はダイエット前夜だ。

刺身なんてからだにやさしげなものやめて、肉だ。手強いくらいの肉がいい。

カロリーがガツンとくる、肉食いたい。ステーキだな。牛ステーキ。上等の牛肉。ちょっと高いやつな。いいよいいよ、明日からひもじい生活だ。今日ぐらい贅沢しろ。

分厚い牛肉を、目の前の鉄板で焼いてもらう。焼けたらすぐ切ってもらう。

別に俺はナプキン首んとこにぶら下げて、お上品にナイフとフォークでキコキコやりたかないんだ。

肉食うのに気取りたくない。ガツガツフガフガ食いたい。マナーとか、うるせえ。

トンカツみたいに、向こうで切って盛って出してもらう。それが日本式の肉食だ。俺はそれを箸でつかんで、ニンニク醤油につけて、白いごはんにのっけて食う。これが日本人のステーキだろう。

ちょいレアな、中のまだ赤いステーキだ。「血の滴るような」は怖い。昔のプロレスラーとかにまかせる。

それとめしな。今夜は無尽蔵に食ってやる。腹パンパンになるまで。

んで、ニンニクたっぷりの醤油。

臭くなったっていい。明日から当分おまんまオアズケなんだ。明日になっても近づいたら嫌がられるほど臭くなったるわい。

ニンニク醤油まみれの高カロリーな肉をアテに、めしをバクバク食ってやる。

いや、大根おろしも一応欲しいか。ニンニク醤油にちょいと入れると……。

いいや、今日はいい。今日は大根おろしいらねぇ。話はシンプルにしようぜ。お茶を濁すのはやめよう。肉とニンニクとめしと俺。

いや、一応サラダも取る。栄養というより、箸休めに。

だからゴチャゴチャ入ったのは面倒くせえから、グリーンサラダ。レタスだけでいい。サニーレタスだとかベビーリーフとかエンダイブなんて聞きたくない。

さっぱりしたドレッシングかけて、それだけでいい。胡椒を挽《ひ》きますか？　って、いい、いい、手間は取らせたくねえ。なんせ箸休めだから。

酒、いらない。

スープ、んなもんいらない。

水。水道水くれ。氷なんて入れてくれるな。

ステーキとめしを、ニンニク醤油にレフェリーしてもらって、俺の口の中でフルラウンド戦わせる。

インターバルに葉っぱだ。

肉を噛み締めて、味わって、めしとともに、どんどん飲み込

これ食って、減量開始!!か
ステーキ!!
水
ライス!!
ニンニクたっぷりの
ショーユ!!

む。考えただけで血が湧き踊るようだ。

ニンニク醤油最高！　食欲が燃え盛るぜ。

俺は胃袋という火室に、どんどん石炭をくべてやる機関士だ。

どんどん食って、ガンガン燃やす。燃やし切れないで脂肪になったって、全然かまわねぇ、なにしろ明日から減量だ。

原野をゆく機関車のように力強く、ひたすら肉を食い、めしを食おう。

ダイエットの決意は石のように固い。

今夜は健康なんてケチなこと全部忘れて、肉っ食いに専念、享受、溺るるべし。

「ポォーーー!!」

ものすごい汽笛が俺の胸に鳴り響いた。

そして明朝七時から、減量開始！

の予定。

『これ喰ってシメ!』特選

個人経営飲食店十撰③

大黒屋

(東京・武蔵小金井)

独特の煮込みは「これ喰って乾杯!」の一品。店頭の標語「今日飲んで明日は仕事」は酒飲みの金言だ。礼儀正しく飲みたい店。

回転寿司のシメ！

ひらめ
はまち
真だい
生たこ
白子
俺の「組み立て」を
あざ笑うように
次から次へ
ウマソーなのが
流れていきやがる

自分の前に流れてきた皿を、鷹のような眼で睨みつけて、奪うように取って食べる。

それを淡々と繰り返す。淡々と空いた皿を重ねていく。

それが回転寿司だ。

何から始めてどういうふうに食べる、という組み立てが大事だ。無論それはその時の腹具合や、流れてくる寿司の状況、川上（寿司の流れの上流）に座ってる人の出方によって、毎回いろいろ変わるだろう。（そのあたりの心情・情景・戦いは、泉昌之『食の軍師』に漫画で存分に描いたので、ここではもう書かない）

で、お腹がいっぱいになってきて、

「あとひと皿だな」

という時が、誰にでも必ず訪れる。

ハッキリと自分の意志で選んで食べる、回転寿司のシメのひと皿。

それは何がよいか。

それもまた時と場合にもよるだろう。人にもよるだろう。

ならばとりあえず俺の理想はどうだ。満腹直前の腹に、とどめの寿司はなんだろう。

よく、

「シメですか？　カッパかな……」

なんて言う人がいる。

カッパ巻きか。カッパシメねぇ。

ま、それはそれで、かっこいいと思う。寿司屋で、魚でシメないのも潔い。

すっと外した感じ。粋、かもしれない。クール、かもしれない。

でも、ちょっと狙ってないか？　人目を意識して前から考えてたっぽくないか？

いつもカッパでシメる俺ってカッコイイな、って思ってないかい？

……なんて勘ぐる俺のほうが、自意識過剰？

まぁ、いい。とにかく俺はカッパ巻きはよしておく。もうそれは、古い。

新しい時代を生きようよ。カッパ巻きジメは昭和のオヤジ、じゃね？　って、誰に賛同求めてるんだ俺。昭和オヤジのど真ん中は俺だろ。

じゃ、貝でシメはどうか。カイジメ。
赤貝とか。でも赤貝はさっき食べた。二皿赤貝はちょっと下品。はしたない。
二皿食べていいのはマグロの赤身のみ。（決めつけ）
アワビ。

えー、やだね～、「金ならある」って感じで。とどめにアワビ、成金趣味じゃないすか。見栄じゃないの。恥ずかしいよ。

ならばトリ貝。

うーん、見た目がね。最後っぽくない。なんか、しりさがり寿って感じ。偏見かな。

平貝はどうだ。

うーん、なんか平凡かな。平凡の平、みたいな押しの弱い顔してるし。

ホタテ。

まあ、いい。でも、今度かな。どうしてもこれ、って思えない。トドメ感希薄。

それにホタテって、寿司じゃなきゃぁ、っていう説得力がないんだよ。ホタテバターとか。ホタテのパスタとか、他にも活躍の場がいろいろあるじゃん。それを今わざわざ寿司のシメに持ってこなくても。

貝やめるか。

納豆巻きジメ。

口の中を納豆の匂いヌルネバで終わっていいの？　いいの？

イカシメ。

イカめしみたいだから却下。言葉の響きも、大切。言魂《ことだま》は寿司にも宿る。か。
ならばタコ。タコで終わりたい? 人生を。君がいいなら反対せぬが、俺はタコじゃ
終われない。終わりたくない。アイツ、タコ食って帰ったよ、と笑われたくねぇ。

じゃーわかった、大トリは大トロだ。
うわー、それこそ戦中派でしょ。高いものを最後まで取っといて、ペロリといただ
くの。あのニンマリした笑顔が嫌だ。最後ペロリと大トロ、嫌っ! 穢らわしい。

それなら美しくイクラ。
成り上がりの没落だな、回転寿司をイクラでシメるって。惨めすぎる。

だからって、玉子も違う。あれはイワシとかコハダなど光り物の後の口直し。って
知ったかぶりすんな! でも、そうなると光り物でも終われないってことよね。

じゃあ、ここは回転寿司ならではのメニューで終わろうか。カリフォルニア巻き。
うわったった、それは痛イ。バブル以前? ウケ狙いなら寒すぎ。

なんだよ俺！　回転寿司で、シメの一枚が決まらねえじゃん！　しっかりしろよ！

ガリ食ってシャキットして、さあシメのひと皿！


甘エビ。

そうきたか。でも回転の甘エビ、華奢なんだよキャシャ。てか貧相で。


鉄火巻き。

おー、いいとこ来た。それもある。でもごはん、多くね？　炭水化物取りすぎ。

じゃあかんぴょう巻き。

お前、なめとんのかこら！　俺はガキやないんやで。って、誰だそれ。


よし決めた！

トロたく、半分。え、できない？

そうかぁ、いいの思いついたのになぁ。融通の利かない店。何もかもがマニュアル通りの人間味のない時代だな。てか粋のわかってねぇ店。って回り寿司だろ！

あ、思いついた！　回転であることを最高に活かして、目を閉じて十数えて、目を開けたとき前にあった皿を、黙って取る！

……でも穴子だったらパスしていい。

ってそっうっいっう軟弱なのが、ダメなんですよね！

あっ、わかった。回転寿司って、ネタが永久に流れ続けてきちゃうからシマらないんですね！　そうかぁ。

と、なんともシマラナイ回でした。ばーい！（いつか誰かにぶっ殺されるな、俺）

目を皿のようにして皿を選んでいる人。
何でシメんか!?
m.a.

『これ喰ってシメ！』特選

個人経営飲食店十撰④

(らーめんどんぐりにて)
鯖なのに どんぐり
Q.B.B.(9杯の・豚丼食って・ぶっ倒れた店長)
鯖ラーメンかァ・・・
ちょっと勝負かもしれないラーメンだな・・・どれ
ズズズゥ
・・・・
・・・ウマイ!!
ごちそうさま
でもどうして「どんぐり」って店名なんですか？
あ、それウチの娘が小さい時歌のコンクールで
コーヒーゼリー 200yen
「どんぐりころころ」を歌って優勝したんです だから亡くなった夫と「店を出す時は「どんぐり」にしよう」って
そうですか あぁそうなんだァ!!
ズル
最近涙もろい

らーめん どんぐり

（東京・調布）

鯖ラーメンが有名。女性ひとりでやっている小さな店。都内で飲んでひとり自宅駅に帰ってきて小腹がすいたりしていた時、最強の一杯。

冷や汁でシメ！

冷や汁は宮崎県人の最高傑作！いや、
世紀の大発明ですよ!!
↑声がデカイ完全な酔っ払い
酔

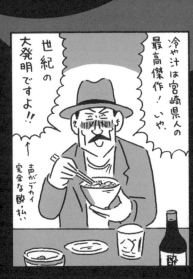

宴会のシメに出されて感動したのを、ハッキリと覚えているのが「冷や汁」だ。

もちろん、宮崎で。もうかれこれ三十年近く前のことなのに。

宮崎にはＮＨＫのテレビ番組のリポーターとして行った。

しかし、いろんなことやってるな俺も。いったい何屋だ？　なんでも屋か？　どっか田舎の墓地の草刈りやってくれって？　予定空いてたらやります。時給いくらすか？　って、そんな男です。

それで、宮崎でだ、夜は接待されるみたいなかたちで、宴会になった。

その時が、ボクは初めての宮崎だった。（九州では大分熊本佐賀も、まだ未踏だった）

宴会の席で、最初に驚いたのは、醤油。

お刺身が見るからに新鮮でおいしそうなのに、つける醤油がソースのごとく濃い。ドロドロ、に思えた。しかも、おっかなびっくり舐めたら、甘い。

えー、これでいいの？

お刺身、台無し。じゃないですか？　味はともかく、こんなドロみたいな醤油を、こんなきれいな白身のお刺身につけたら、お刺身に失礼じゃありません？

ちょっと躊躇してたら、そんなそぶりを見たのか、仲井さんが、

「あ、薄口の醤油もありますよ」

と言って、東京のような醤油を出してくれた。

でも、やっぱり郷にいれば郷に従えと言うし、食べてもないのに地の醤油を拒むのはそれこそ失礼だ。

だいいち、面白くない。

だからお刺身を、わざとドロドロの醤油にベッタリとつけて、食べた。

純粋なおいしさと別に、面白いおいしさというのもある。

たとえば、東京に戻って酒の席で人に話す時のこと考えると。

「ひっどいんだ! 醤油とは名ばかりで、真っ黒のトンカツソースみたいな、いや違うな、コールタールを薄めたみたいな液体、ってか流動体だな。それを、透き通るようにきれいな白身魚の刺身に、ベッタリつけて食べるんだよ!

見ちゃおれんよ。お刺身が陵辱されていると言ってもいい。いやほんと。

宮崎人は、それを嬉々として食べるんだよ。男も女も。目を背けたね俺は。

信じられん。あいつら、お刺身をなんだと思っているんだろう。

あの食い方、太古の呪術か、黒魔術的な儀式かと思ったよ。

いやはや、驚いた。え? もちろん食べたよ。まァ、二度とゴメンだ」

とか、マズかったら言いたい放題に言うためには、しっかり味わったほうがよい。

ヒドイですか？　ヒドイですね。スイマセン、宮崎に恨みがあるわけじゃないんです。これから褒めますからね。

あ、その前にドロドロべったりの刺身を実際初めて食べた時の、真実の感想・印象はどうだったんですかって？　ですよね。宮崎県民の沽券《こけん》のために。

ところが、それが全然思い出せないんです。

でも思ったよりマズくはなかったと思う。マズかったら覚えてると思う。「あ、こんなもんか」という感じだった気がする。味の記憶もアテにならんなぁ。

その後、何度も宮崎には行ってるが、もうその味に慣れてしまって、なんとも思わない。というか、おいしい。宮崎で刺身を食うなら、あの濃口醤油で食べたい。

はいその話はおしまい。（あんなにヒドイ書き方しといて！）

それで、初宮崎の宴会の席に、話を戻しますが。

宮崎は台風がすごい、信号がへし折れる、屋根瓦が飛ぶのは当たり前のことです、とか、昔は新婚旅行のメッカだったとか、巨人の宮崎キャンプの時はとか、話珍しく面白く、大笑いもして、酔っぱらって、そろそろお開きかな、という時間に差しかかった頃。襖が開いて、呼んでないのに女将がやってまいりまして。

出ました。宮崎名物。

ご存知の方もいるだろうが、一応その時教えてもらった通りに記しておく。

まず焼いた鯵を、胡麻と味噌と一緒にすり鉢で擂《す》る。

それを冷たいだし汁で溶かし、そこにキュウリの薄切り、シソの葉、ミョウガと、手で崩した豆腐を加える。

そこに炒り胡麻をたっぷりかける。

それを、熱いごはんにかけ回して、食う。

というのが宮崎名物「冷や汁」だ。

汁、と言いながらごはんも入っている。

熱いめしに、冷たい汁をかける有様を、酔った目で見ていたボクは、

(なんでぇ、熱いなら熱い、冷たいなら冷たいと、どっちかにしろ、そんな半端な……昔の犬のエサだな、人として行儀悪いぞ)

というような否定的な目で毒づいて見ていた。ドロ甘醤油の衝撃のせいだ。

しかし、無知蒙昧な馬鹿、真の田舎者は、ワタシのほうでした。

おそるおそるひと口食べて、ハッと酔いが醒めた。

二口食べて目が見開き、
三口食べて耳がそばだち、

四口食べて鼻の穴全開、鳥肌が立った。

あとはもう無我夢中でかき込む姿、阿修羅の如し。

というより、地ベタの古鍋に頭を突っ込んで残飯にがっつく犬、それも、四、五日物を食ろうていない、両眼に目糞をつけた野良犬のように滲めであった。

と思う、側から見たら。恥ずかしながら。それほどの衝撃的美味。冷や汁、すばらしい。宮崎人、すごい。


其の宴席の久住某、まこと人と思えぬ形相にてズルズルと音を立て吸喰ひ或は飯粒を飛ばし、衆人の怪訝なる注目一向に感知せず茶碗を忽ち空にせりしも、まだ無いかもつと出せ御代わりの用意はだうした女将を呼ばんかと、畳に横臥し手足をバタンバタンと振り回し駄々を捏ねる事、宛ら大きな赤子也。


と、当時の宮崎日報に書かれてあった。

というのはもちろんウソだが、この冷や汁の一杯で、宮崎を仰ぎ見た。瞬時に尊敬した。

冷や汁、恐ろしい威力でおいしかった。

ただの冷めた味噌汁かけごはんだろうと、高をくくった自分を心の底から恥じる。

冷や汁は宮崎人の歴史文化の結晶。宴《うたげ》のシメの一品として、超洗練された逸品でした。

俺は、東京都下三多摩原人・ミタカンデルタール・アホナンデスだった。

都内でも食べさせる店はあるようだが、ぜひまた宮崎の地で食べたい。

二十年以上美味の記憶を寝かしてるから、新たなシメの感動があるはず!

（追記　この文章を書いた十年後、宮崎の居酒屋で冷や汁を食べた。街の小さな安居酒屋だったので期待しなかったが、やはり大変おいしかった。麦焼酎をたくさん飲んだ後だったから、特においしく感じたのかもしれないが）

そうめんでシメ！

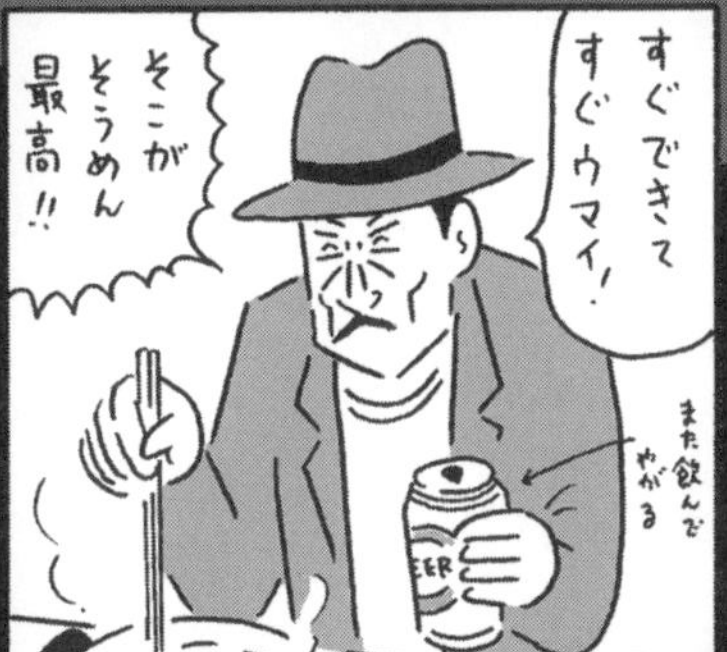
すぐできて
すぐウマイ！
そこが
そうめん
最高!!
また飲んで
やがる
ぐつぐつ
そうめん
つゆ

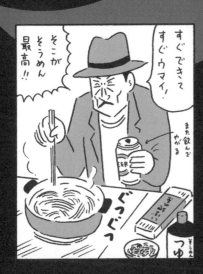

昼間に表を歩く時、我々こんなオッサンあるいはジジイでも、Tシャツ一枚でいられるような暑い日が、ぽつりぽつりと出てきた。

日本はホントに四季がハッキリしていてよい。国民を飽きさせないようにしているんだな。（誰が？）

酷暑がどんなに長引いても、必ず秋も冬も来るし。（今のところ）

その四季折々に春夏秋冬ならではの、おいしい食べ物がある。

だから日本人は食い物に、あーだこーだこんなにもウルサイんだろう。

そして、いっつも、なんかウマイもんないかイイ店ないかと考えてる。グルメ番組見てる。ネット検索してる。朝な夕なスマホいじってる。

世界から見たら、四六時中せせこましい食いしん坊なんだろうな。

四六時中、若い女とヤルことばっかり考えてる男は、助平と嫌われる。

男にチヤホヤされると、すぐどこへでもついてく女は、尻軽と嫌われる。

つまり性欲むき出しで毎日生きてるような人間は、やっぱり見苦しく嫌らしい。

だが、性欲と同じく食欲も、人間の肉体的欲望という意味では同じだ。

そう考えると、ジャップは、食欲がド助平でド尻軽だ。

「ワタシ、食べることが大っ好きなんです！　お休みさえあれば、いろんなとこに食べ歩きに行きます！」

ってテレビなんかで言う若い女性タレントも多いが、それは、

「ワタシ、エッチするのが大っ好きなんです！　お休みさえあれば、いろんなとこに男漁《あさ》りに行きます！」

と言ってるのと、欲望的には同じだ。（おい、それは乱暴だぞ）

「うまいラーメン情報を得たら、そのラーメン屋に行って行列してでも食べる」

という文章を、食欲から性欲に変換すると、

「いい女がいる情報を得たら、そのソープランドに行って行列してでもやる」

となる。（おいおい、そろそろ嫌われるぞ）

そう考えると、行列して食べるのって、ちょっと恥ずかしくないですか。（おい！街で後ろから刺されるぞ！）

話がどうしてそっちにそれたんだ。まあいい。（あんまりよくねえ）

春が、終わりにさしかかり、初夏っぽい日が増えてきた、という話だった。

夏は、やっぱり冷えたビールがうまい。

誰かの家に集まって、ビールで乾杯して枝豆だの冷奴だのとうもろこし揚げなんか

で、いろいろ飲み食いしたシメを、そうめんでキメルのは日本の夏の世の醍醐味ともいえまいか。

そういう時、宴会場が自分の家だったら、そうめんがあれば進んで俺が作る。

焼きそばとか焼きうどんとかなら「麺があるから誰か作って」となるかもしれない。

そうめんは簡単で、あっという間にできあがるのがいい。

酔っていてもしくじることが少ない。

鍋に湯を沸かし、沸かしている間に、ミョウガを刻み、大葉を細切りにし、ショウガを擦る。ゴマもあったはずだと、戸棚などを探す。

麺を熱湯に入れる。細い麺は入れるそばからぐんにゃり曲がる。そこも素直でいい。

スパゲティのように抵抗しない。

麺を茹でてる間に、焼き海苔をキッチンばさみで細切りにする。

チマチマした薬味をいろいろ用意するのが大事。でも、どれも時間も手間もかからないのがありがたい。だから楽しい。

麺はすぐ茹であがる。

そしたらザルにあけて、水道水をザーザーかけて冷やす。

ハイ、できあがり。

水を切ったザルのまま、大きな皿にのせて、酒宴の席の真ん中にどんと置く。

各自のお椀に冷蔵庫から出した麺つゆを注ぐ。

蕎麦猪口だと、つゆがすぐなくなるから、飲んだ後はお椀がいい。食べやすいしたくさん入るから、お代わりの数が少なくていい。

つゆに、薬味を適当に投入し、

「じゃ、いただきまーす」

とみんなで唱和したら、あとは各自麺をお椀のつゆにつけ、ちゅるちゅるっと啜り込むのみだ。

ちゅるちゅるっ、ウマイ！

ちゅるちゅるちゅるっ、うーん！　夏だ。

ちゅるちゅるの音がユニゾンする。ハモる。輪唱する。追いかける。

そうめんオーケストラ。

やっぱ、ミョウガだね。ネギも生姜も大葉もいいけど、ミョウガこそ夏の女王だ。

いや、女王じゃない、王女。若々しい。

口の中のそうめんの中で、ミョウガの歯ごたえと香りが、すばらしいアクセントとなって現れる。でもそうめんの清らかさをなんらジャマしない。

そうめんは、ちゅるちゅるっという啜り音に現れているような、かわいらしい聡明さというか、単純で清らかな食感が醍醐味だ。

やさしい味が、宴のシメを平和な気持ちにさせる。

そして、そうめんをみんなでちゅるちゅる啜る図がいかにも平和だ。

ひとり飲みの最後に、自分で作ってちゅるちゅるやるのも、それはそれでタノシイと俺は思っているのだが。

春はあけぼの、夏は夜。と清少納言も言ってたが、確かに夏の夜の酒は情緒がある。月など見ながら酌む酒は。

そんな宵のそうめん、清さんも食べたら絶対歌に詠んだと思う。(関係ないけど、俺は大人になるまで、セイショウ・ナゴンと思ってた。セイ・ショウナゴンね。ついでに中一の時友達から初めて聞いたブルース・リーのことは、ブルー・スリーだと思った。高二の時は、ジャズのセロニアス・モンクをセロニア・スモンクと思った)

そうめん、お代わりをして、ちょっぴりラー油をたらすのもよい。七味を入れるもよい。でも最初の一杯からはしない。

おいしい梅干しがあったら、入れて箸で崩しながら食べる梅そうめんがまたうまいんだ。

でもあくまでサッパリと食べたい。肉、揚げ物は、あまり入れたくない。

大酒を飲んだ夏の翌日の遅い昼（第一食）のそうめんも最高だ。

これは軽い二日酔いよさらば、という意味で「酒の翌日ジメ」と言えましょう。

あぁ、そうめんの季節が近づいてきた。

そうめんがタップリある安心。
m. Ousumi

『これ喰ってシメ！』特選

個人経営飲食店十撰⑤

焼鳥 みすず

（東京・吉祥寺）

二代続く老舗の小さな焼き鳥屋。先代からのぬか床を使う漬け物や煮込みが絶品。駅から近いのに見過ごされがちな穴場の名店。

お椀ラーメンで
シメ！

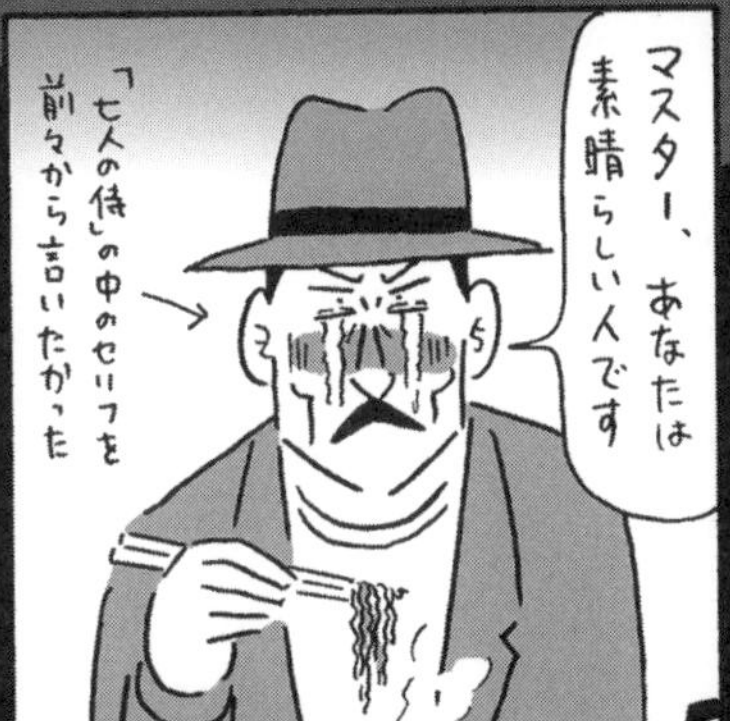
マスター、あなたは素晴らしい人です
「七人の侍」の中のセリフを前々から言いたかった

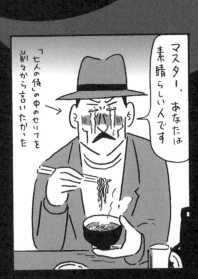

夜中に仕事が終わって、ひとり近所の居酒屋のカウンターで飲んでいた。

客は俺ひとりだった。

時計を見ると、午前一時少し前。

店も終わるしもう帰ろうかな、と思ったその時。

店の人がカウンター越しに言った。

「ちょっと食べる？　ウチの今夜のマカナイ」

「え」

と戸惑った俺の前に、スッと出されたのが湯気の立つお椀。

ふわっと鼻口をくすぐったその香りで、瞬時にそれが何かわかった。

サッポロ一番みそラーメン。間違いない。

神！

神様だと思った、俺はその人を。

後光が見えた。アウラが見えた。その場にひざまずきそうになった。

ドンブリ一杯じゃないんですよ、お椀一杯のインスタントラーメン。この量とそのタイミングが神がかってる。

ありえないですよ、ひとりではそんな食べ方。

大鍋で三個一度に作ったんで、そういう芸当ができたらしい。

荒技と言ってもいい。思い付かない。想定外。大事件。

ボクにとったら超棚ぼたである。突然ボーナスである。畑仕事で埋蔵金である。

親切。

真の親切とはこういう行為ではないか。

まごころ、思いやり、心づくし、やさしさ、情け、というか人情。温情。慈悲。慈愛。仏心。いい人。わかってる人。できた人。

そういう言葉が、怒濤のように俺の胸に押し寄せてきた。

この世知辛い時代に、人の温かさ、ぬくもりに触れ、思わず余は落涙せり。

しかも、よりによって味噌味。そこを突いてくるか。味噌の香りが、鼻から胃袋を抜けて魂を打ち震わせる。

懐かしいような、田舎のような、母親のような、ぬかみそのような、ちょっとどんくさい匂いが、逆に深夜の食欲をざくりと掘り起こす。

しかも、しかもだよ。

刻みネギはいいとして、ニラとモヤシがちょっと、のっているじゃないか！

本当？　いいの？　いいんですか？　こんな俺に。こんな汚れ切った野良犬の如き初老の男に。

ああ、生きていればいいこともある。

世の中捨てたもんじゃない。

泣きながら食べた。

それはウソ。

夢中で食べた。

涙は出なかったけど、ちょっと鼻水が出た。鼻をすすりながら、ズルズルと一気に食べた。

カウンターの中では、ご主人と奥さんが座って同じラーメンを啜っているらしい音が聞こえる。

ジーンときた。俺はひとりじゃない。助けられて励まされてどうにか生きている。

ありがとうございます。ありがとうございます。

手を合わせる気持ちで、お椀のラーメンを啜る。

食べる間、世界の時間が止まっていた。

ラーメンと俺だけがそこにいた。

サッポロ一番みそラーメン独特の麺の細さ、縮れが唇に口中に嬉しい。

インスタントラーメンならではの、軽さ、チャチさ、駄菓子っぽさが、舌の上ではしゃいでいる、踊っている。その愛しいこと、目頭が熱くなるようだ。

麺の中に混じり込んだモヤシの、かすかなシャキシャキ感が歯に嬉しい。

ニラを噛んだ時のかすかな臭みが、味噌の風味に合いすぎて、でもそれは稲妻のように駆け抜けていく。

うまい、という快感だけが、全身を貫いていった。

アッという間に食べ終わって、汁も一滴残さず飲んだ。

スープを飲み終わる最後には、細かく千切れた麺が、ネギの切れ端と胡椒の粒とともに、口中にズルズルッと入ってくるご褒美もちゃーんとあった。

このご褒美が味わいたくて、ついスープを飲み干してしまうのが、インスタントラーメンというものだ。

お椀で出されると、食べ終わってたとえ胃袋にまだ余力があっても、

「もっと」とは思わない。

「おいしかった」という気持ちが、ピッタリ完結する。過不足無し。供し方の勝利。

しかし不意打ちだった。

突然こういうことをされると、途轍もなくおいしい。我を忘れるひと時だった。

天啓を感じた。
俺は目に見えない大きな力に導かれて、今宵この店に入ったと感じた。
今日ばかりは「常連」と言われる客でよかったと痛感した。
ご主人をいくら褒めても、どれだけ感謝してもし足りない。
とにかく感激感心感動の夜だった。
帰り道が幸せすぎて怖かった。
それは言いすぎ。

熱いごはん
ちょいシメ！

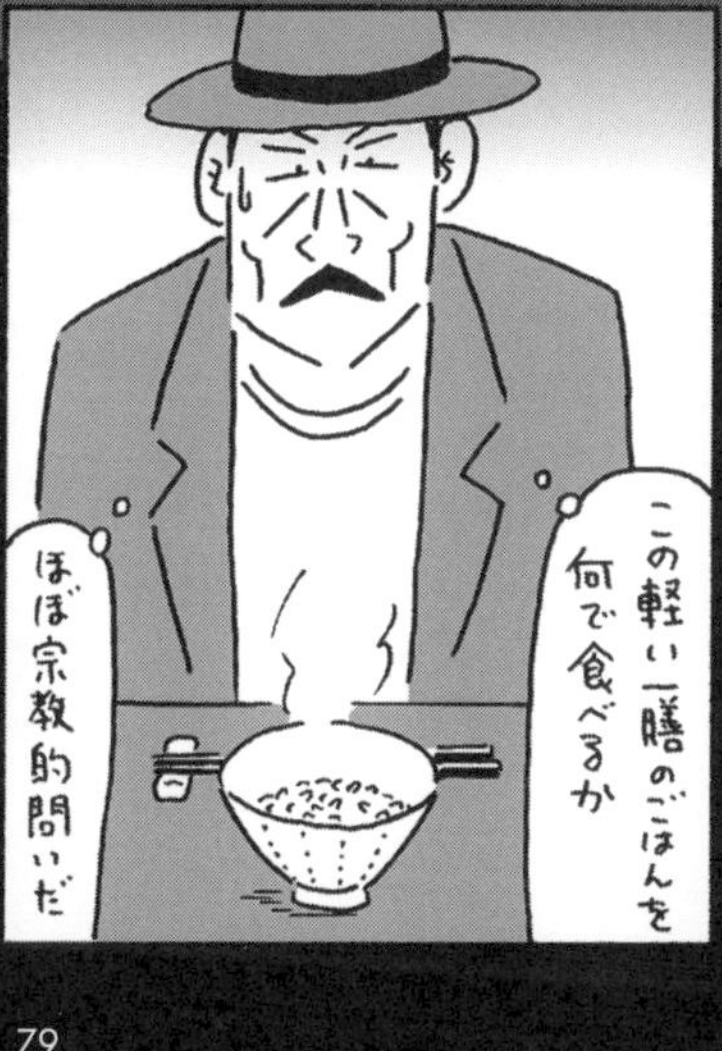
この軽い一膳のごはんを何で食べるか
ほぼ宗教的問いだ

「とりあえずビール」というのをしないほうが、ワインも日本酒もウイスキーも焼酎も各種カクテルも、その一杯目が断然おいしい。

それはわかってる。だがやっぱり最初はビールがぐっと飲みたい。

ボクは仕事や演奏が終わってから飲むから、喉が渇いているせいだろうと思っていた。

だけど旅先で、仕事をしたわけでもなく、昼に飲むビールもものすごくウマイから、あてにならない。

でもときたま、最初のビールを飲まず、別の酒を飲み始める時もある。

そういう時は、肴もなんとなく変わってきて、なんだかよそ行きな気分になって楽しい。

居酒屋で、最初から日本酒、それもちょいと冷やしたのを頼んでみる。

そして、アテにいきなりウニなんて頼んじゃう。

そんなこと、普段はまずしないので豪勢な気分になる。

特別な時間と空間がそこに現れる。

俺は、誰だ。誰のつもりしてる、今。

なんか、渋い俳優か。大作家か。違いのわかる男か。

まあ、誰のつもりだっていい。

人から見りゃしょぼくれたジジイがちょいと無理して気取ってる図で、惨めなもんかもしれん。そんなことはどうでもいい。

酒の香りがくっきりとわかる。

酒の味が微細にわかる。

で、そうやってよそ行きの気分のまま、品よく静かに肴をつつき一、二合の酒を飲んで、めしにする。

そんな晩も、ごくたまには、ある。(ごくたまにって、どれくらいに一度だ? たぶん十年に一度くらい……って少なすぎだろ!)

そんな時のごはん。

これも立派なシメだな。

おかずは何がよろしいか。

刺身、例えば酒の肴に鮪をもらっていたら、そのひと切れ二切れを、食べずに小皿の醤油に浸しておき、簡単な「づけ」を作っておくと、これは白いごはんに大変合う。

生タラコをちょいと炙《あぶ》ったやつ二切れ、なんてのもこたえられない。皮がカリッとしてでも弾力があって、中の身が中心に向かってじゅんわりと柔らかくなっているもの。

こいつをめしにのっけて、一緒に頬張ってごらんなさい。

まず、香ばしさが口の中に広がって、それから人懐っこい塩っけが、追っかけて現れる。

これがごはんに絡んで、もぐもぐするうち、やがて現れる新しいうまさに夜空の星がいっせいに瞬くよ。

うまいイカの塩辛は、実は酒よりもむしろ熱いごはんに合うかもしれない、と思ったことが何度もある。

北海道の奥尻島で食べたのが、何十年もたつのに忘れられない。

真昼、自家製のやつを味見させてもらった。もちろんシラフだったんだけど、あまりにおいしくて、思わず

「もしあったら、ごはん少しもらえますか」

と言ったほどだ。

笑われたけどね。いや言ってみるもんで、お茶碗に軽くごはんを出してくれて。この、ちょいと冷たい塩辛と、熱いごはんの組み合わせが、口の中で音もなく火花を散らした。いや予想を遥かに超えてうまかった。

「酒、負けました」

と言ってまた笑われた。酒よりごはんがおいしいと思った瞬間だった。

目先をぐっと変えて、しらすおろしも侮れない。

擦ったばかりの大根おろしに、しらす干しをのせて、醤油をチュッとたらしただけ。それだけで、もううまい。

これもやっぱり熱々のごはんにのせ、のせた端から箸で口にかき込む。

大根おろし、偉大。その辛味が醤油の塩気と風味に混じると、抜群の力を発揮、しらす干しのよさを、最大限に引き出してくれる。

ほんと、大根って、おろしに限らず、対戦相手の強さを引き出す試合ぶりが、プロフェッショナルだ。

ぶり大根、おでんの大根、大根と豚肉の煮物、なめこおろし、卵焼きの付け合わせ、ステーキのタレに、けんちん汁……。

大根おろしのおかげで、醤油が調味料を超えて、味としてごはんの前に立ち上がってくる。醤油がおいしい。日本人の叡智が、ただのごはんを料理に、ご馳走に変える。

いやぁ、だめだ。シメのごはんのアテを考え出すとキリがない。

それこそ話が全然シマらないのでこの項ここで終わります。御免。

小量の熱いごはんに、何を
のせて食べたらウマイか?
というネタだけで酒がいつまでも
飲めるネ。
茶碗にこのくらいでいい。
海産物がが多くなる
のも島国の
せいか。
m. kusumi

アイスクリームでシメ！

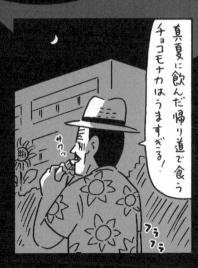

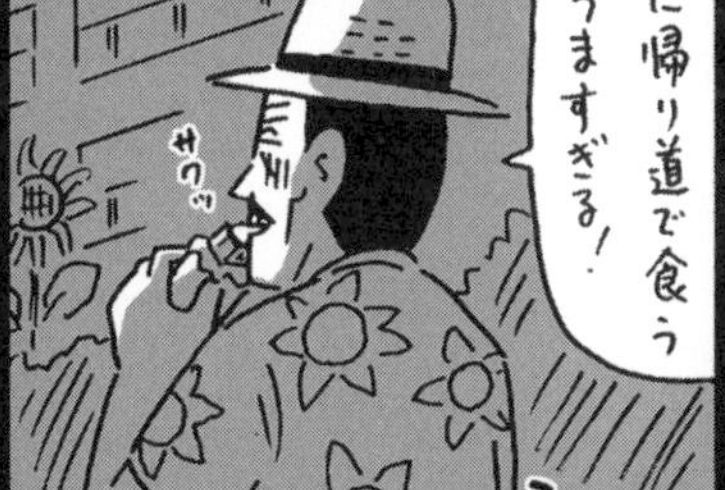

真夏に飲んだ帰り道で食うチョコモナカはうますぎる！
サクッ
フラフラ

女子って、飲み会の後でも、甘いもの食べたがったり、アイスクリーム食べたがったりしますね。

ボクは、間食っていうのは、ほとんどしない。

飲み会の後の話と、間食の話は、別だろ！

別ですな。

「ですな」って、いきなり朝からオッサンかますな俺。

って、読んでる人はこの文章、朝っぱらから書いてるって、知らないだろ！

失敬失敬。

また酔っぱらって書いてるんじゃねーの？　って思われるな。

飲んでません。二日酔いでもありません。

ていうか、酒飲んで文章は書きません。書けません。書きたくねぇ。

それはよくて、何の話だっけ？

あー、そうそう、女子が飲んだ後、アイス食べたがるって話。

いやいや、それが女子全員じゃないことは、もちろん存じております。

で、ボクは間食をしない。って話が違ってるように思うかもしれないけど、つまり甘いものをほとんど食べないっていうことなんですよ、一年を通じて。

だから飲んだ後も同じ。アイス食べたい気持ちがよくわからなかった。飲み会の後に「もう一軒飲みに行こう」ってのはあるかもしれないが「アイス舐めたい」はない。

だけど、甘い物を全面的に嫌ってるか、というと、けしてそうではない。思いついたところでは、素朴なオレンジキャンディなんて、たまに食べると、ってか舐めると、とてもおいしい。

飴は「甘いもの」というのに入らない気もするな。

饅頭も自ら買うことはないが、嫌いじゃない。皮の部分に救われてる。

羊羹は苦手。甘さからの逃げ場がない。

みたらし団子も、たい焼きもおいしい。熱いお茶、緑茶かほうじ茶が必要だけど。

暑い日の、冷たいみつ豆もおいしいですね。

おはぎもおいしい。これは小学校の時、自宅で、夕飯時に、お茶碗に入れて食べた。変な感じしたけど。いや今考えても変だ。

お汁粉は、まぁまぁおいしい。嫌いではない。でもシソの実の漬け物欲しい。

ぜんざい、はちょっと苦手かも。あれも逃げ道がない。

シュークリームも、イチゴショートケーキも、バナナチョコレートケーキもおいしい。おいしい、というのはわかる。自分で自分のために買ったことは一度もないが。

こないだ喫茶店で小腹が減っていて、半分しかたなしに食べた紅茶のシフォンもよかった。紅茶のシフォンって、ケーキの中で一番好きかもしれない。

でもケーキは「たまに食べると」おいしいわけで、いつも食べたいかというと、そんなには、いらない。二日続けては、いらない。

メイプルシロップのたっぷりかかったホットケーキは、いいな。今食べてもいい。なんて、「ふむ、食べてやってもいいぞ」みたいな態度、エラそうだぞ。

でもやっぱり、積極的に食べたいとは思わない、甘いものの類いは。

コンビニで自分で自分のためにお菓子買うの、五年に一度ぐらい。ホントに。量もちょっとでいい。ひと箱、一枚、一本はいらない。

チョコレートなんか、ひと箱もらうと、食べ切るのに一カ月ぐらいかかる。最後はちょっと表面が白っぽくなって、捨てる時もある。

ところが、ちょっと前に友人宅で数人で飲んでて、遅くなってそこの奥さんたちがアイスクリームを食べだした際、ちょっともらって食べたら、ものすごくおいしかった。ハーゲンダッツのラムレーズンだったか。

やっと話が飲み会のアイスクリームに戻った。

実は数日前、知人の結婚披露宴で、演奏したりスピーチお願いされたりして、それが終わって新郎新婦の親御さんに酒を注がれたりして、結構酔ってきたシメに、デザートでアイスクリームが出てきたんですよ。

フルーツと一緒に、バニラのアイス。

これがぽーっと酔った口ってか、喉ってか、からだに、実においしかった。

披露宴て、酔っててもどこか緊張している。それはそうだ。

そういう気分に、冷たくて甘くて、舌の上ですーっと溶けて、

「あー、アイスクリームっておいしいなあ」

と、しみじみ思った。緊張が突然自覚され、同時にそれが和らぐのも感じだ。

つまりアイスクリームの冷たさと甘さに、救われたような気がした。

その時すぐには思わなかったが、しばらくして、女子が飲んだ後アイスクリームを食べたい気持ちも、少しわかるような気がした。

ここまで、五十三年かかりました。

って、○歳から飲んでるのかよ！　せめて三十三年だろ！（※って、これ書いたの五十三歳かよ！　この本出す十二年前じゃん！）

その晩の飲みを、アイスクリームでシメるっていうの、たぶん絶対いい。（※今は深

夜の甘いものはあまりよくない、と思ってる）

アイス食べたらそこで、飲みが終わりそう。

アイスを食べてしまったら、そのあと飲みたい酒が思いつかない。アイス口に合う酒が。

だからこそ、飲んだシメのアイスクリームはパスしたい。

柔らかくお断りしてもっと飲みたい。

酒飲みは、実に往生際が悪い。

（※この項、読み返して「若かったな……」と思うことしきりでした）

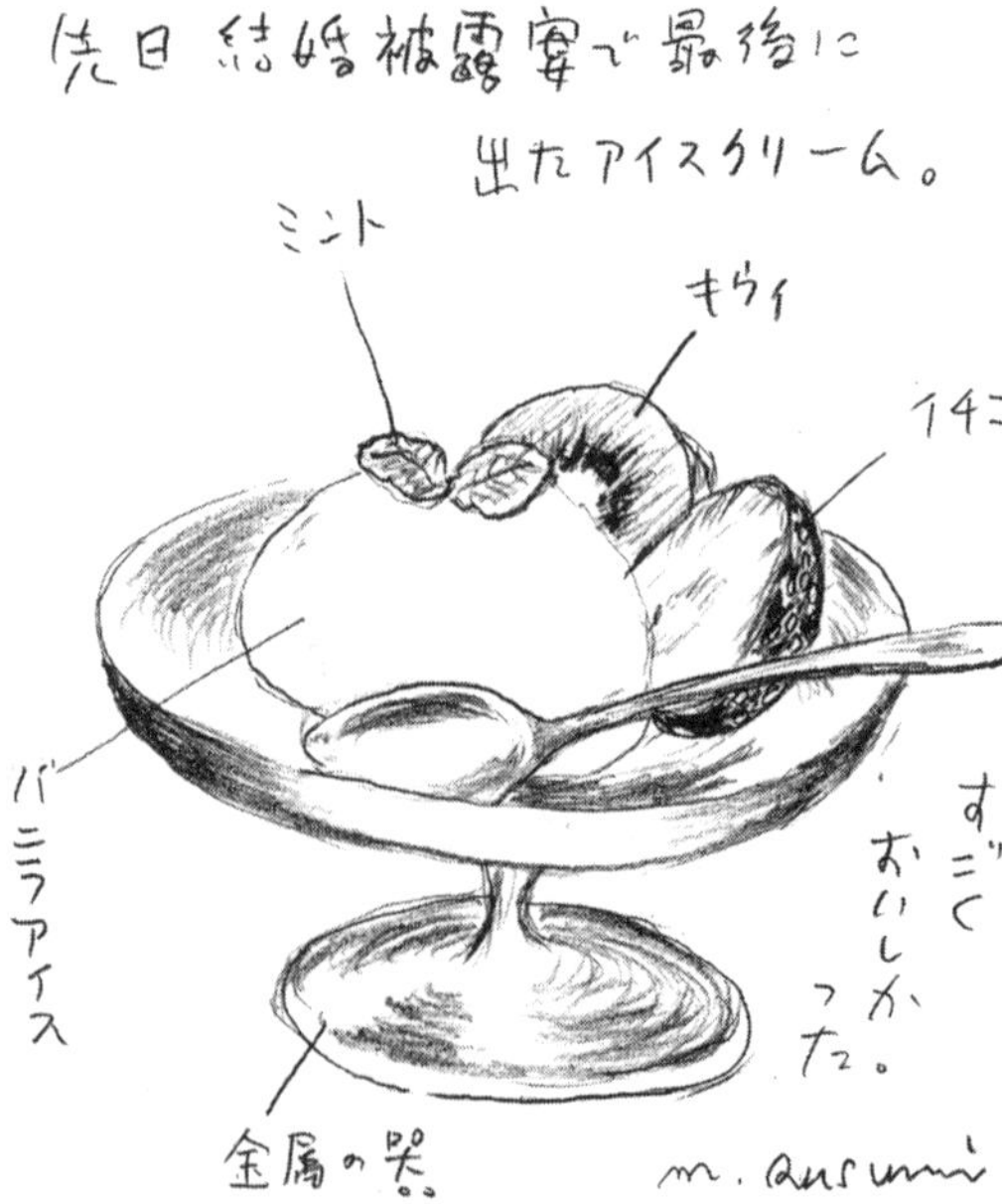
先日 結婚披露宴で最後に
出たアイスクリーム。
ミント
キウイ
イチゴ
バニラアイス
金属の器。
すごく
おいしか
った。

ホテルの朝食のシメ！

結局飲みきらずに残して寝るくせに缶酎ハイを買いに来たバカな宿泊客
カチャリッ
部屋のヘンな寝間着
部屋のキー
ペラペラスリッパ

旅行に行って、ホテルに泊まった翌朝の朝食が好きだ。
前の晩、どんなに酒を飲んで遅く寝ても、必ずがんばって起きて食べる。
旅は楽しいから、夜はついもっといろんな店に入ってみたいと、飲み屋もハシゴしてしまう。（※最近はほとんどハシゴしなくなった）
土地の人と会話ができたりすると、ますます楽しくなって飲んでしまう。
ところが地方というのは、東京のように馬鹿みたいに遅くまでやってる店が少ない。せいぜい十二時ぐらいには店じまいになる。（※コロナ前の話です）
しかたなくホテルに帰るが、馬鹿みたいな都会から来た馬鹿は、普段の馬鹿みたいな生活習慣で、全然眠くない。（※この頃は眠くなります）
どころか「地方ハイ」になってるから、もっと飲みたくてしかたない。
というわけで、ホテルの自販機コーナーを調べて、ヘンテコな寝間着にスリッパ姿で、のこのこエレベーターに乗って缶ビールなどを買いに行く。
これをやめておとなしく寝れば、二日酔いにもならなかったものを。やっぱり馬鹿だ。
しかも夜中のテレビを見てたら面白くて（本当に面白かったのか？）、缶ビールを飲んじゃって、また自動販売機に行って、今度は酎ハイとかハイボールを二缶も買って

くる。（しかも翌朝一缶の半分しか飲んでない）

あの夜中買いに行く姿、見られたくない。酔っぱらった泥棒だ。

というわけで、昏睡してる朝、目覚ましに起こされる。

頭がちょっと痛い。酒、残ってるなぁ、と思いつつがんばって起きる。

ここで迷うとまた寝ちゃうので、思い切って飛び起きる。

カーテンを開けるとまぶしい。

窓をちょっと開けて、外気を入れる。

何も考えないで素早く着替える。

エレベーターで他の客に会うのがちょっと恥ずかしい。

二日酔いの客なんていない。みんなもう完全装備でリュックを背負ってる。

きっと俺は腐った眼をした酒臭い年老いたホームレスみたいに見えるんじゃないか。

ホテルの朝食は、大抵は簡単なバイキング形式になっている。

この方式はありがたい。酒が残ってる時は、好きなものしか食べたくない。嫌いなものは見たくもない。

まずは全体を見て回って、作戦を立てる。

ここはちょっと軍師だ。パンで行くか、ごはんで行くか。お、お粥があるのか、それもいいなぁ。

お粥に決める。でも味噌汁もとる。熱い汁物は欲しい。

なのにグレープフルーツジュースもとっている。流動体多し。

梅干し。海苔。納豆はお粥なのでいらない。

温泉卵が嬉しい。佃煮ちょっと。高菜漬けちょっと。あとサラダわりと多め。焼き魚、揚げ物、ハム、いらない。スパゲティいらない。コーンフレークいらない。

きんぴらごぼう、いる。ウインナー、小さいからもらう。

あと、お茶。

まず、お茶を飲む。胃にしみるようにウマい。梅干しをかじる。またお茶。ますますウマい。二日酔いが、早くもちょっと中和されたような気がする。

それから飯《めし》を食い始める。

サラダを食べる。なんか野菜を摂らないといけない気がしていて、なるべくさっぱりしたドレッシングをかけたのを、無理矢理に近い感じでムシャムシャ食べる。味なんかよくわからない。自分がチンパンジーのような気がする。

それからお粥をスプーンでひと口食べる。

食べやすい。食べやすいことが今は大事だ。

高菜漬けをのっけて、もうひと匙、お粥を食べる。

「うーん」

と低く唸って、味噌汁を飲んでみる。「うーん」に特に意味はない。バイキングの味噌汁は、あんまりうまくないことが多い。「残そう」と思う。

きんぴらごぼうを三本ほど口に入れる。少し噛んで、

(まじい)

と思う。塩っぱいのに油っこいのに固い。これも残そう。

温泉卵を、

(どうしようかな)

と思う。つまりどう食べようかだ。何も考えないで持ってきたが、お粥に合わないような気がしてきた。

少し見つめて、いきなり器から温泉卵を全部口の中に流し込む。

いいのかこれで。わからない。

焼き海苔どうしよう。頭が回らない。

持って帰ろうかとか思うが、焼き海苔の袋を破いてしまう。一枚食う。

(やっぱり味付けのりか。あんまりうまくない)

でももう一枚、お粥にのせて、箸で巻くようにして食べる。

うまいんだかそうでもないのかわからない。

もういい。お粥だけは全部食べよう。

この朝食が、昨夜の酒のシメなのだ。

朝食をきちんと食べないと、せっかくの旅を、万全の体調で楽しめない。（なら昨日もっと早く寝ろよ！）

いろいろちょびちょび残ってるが、もういいだろう。

飯を食い終わると、またお茶を飲む。

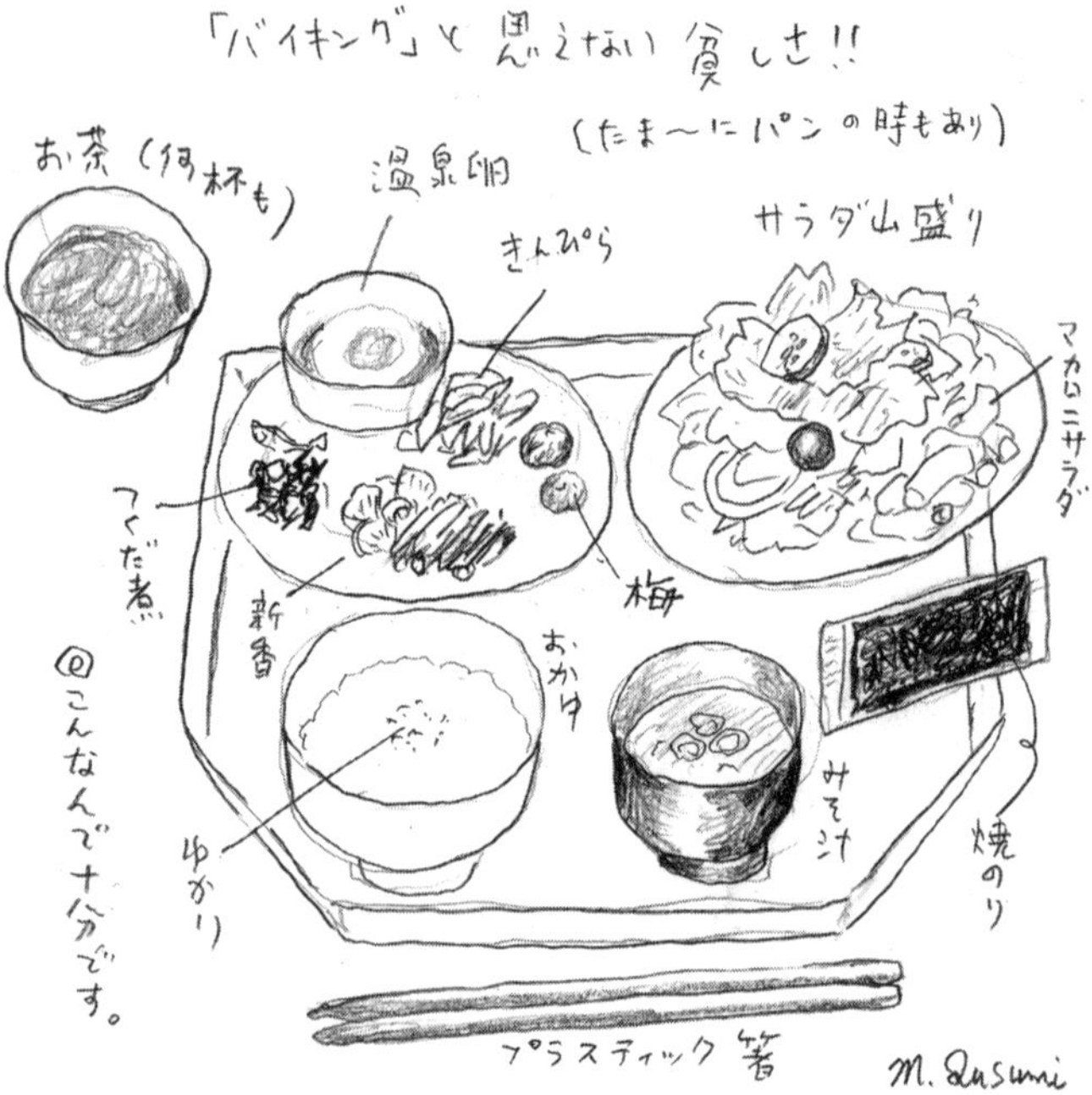
「バイキング」と思えない貧しさ!!
(たま〜にパンの時もあり)
お茶（何杯も）
温泉卵
きんぴら
サラダ山盛り
マカロニサラダ
つくだ煮
新香
梅
おかゆ
みそ汁
焼のり
ゆかり
◎こんなんで十分です。
プラスティック箸
M. Qusumi

食後のお茶がまたものすごくウマイ。もう大丈夫だ。たぶん。
お盆を返却口に返し、部屋に戻る。
せっかく着替えた服を脱いで寝間着になり、チェックアウトまで寝る。
この二度寝が極楽。とろけるように眠る。
朝食は、いや、旅は、この眠りのためにあると言っても過言ではない。

(※と、この文章を書いた十三年前は思っていた。今はもう二日酔いするほど飲まないし、飲めない。したがって、二度寝もあまりしなくなった。むしろ、朝食前に宿の近所を散歩したりもする。だから朝食はたいがいおいしく食べる。「まじぃ」なんて思わない。でも朝食後、部屋に戻ってベッドの上でゴロゴロしているのは、今も好きだ)

『これ喰ってシメ!』特選
個人経営飲食店十撰⑥

(駅前にて)
駅前の駅前の前
Q.B.B.(久住・ぶらり温泉・ベロンベロン兄弟)
西武秩父駅のまん前の2階にその名も「駅前」という居酒屋がある
季節料理・なべ料理・定食 駅前
営業中
駅前 2階入口
あゆ塩焼き
シブイ、若者は見落とすぜ
真昼間から飲める。お通しの5皿がもうサイコー
お新香
煮しめ
ワカサギ天
熱いコンニャク
赤い赤いツルムラサキ
これだけでいくらでも飲める!
駅前に隣接した温泉施設「祭の湯」と組み合わせりゃ無敵!
アー
露天風呂↓「駅前」↓特急で寝て帰る。
山歩きなんぞいらん!
駅前の前で店主に会ったら足元がなんと足袋《たび》だった
昔、大工だったんで
へー
タダ者じゃないぜ

駅前
(埼玉・秩父)

山登りのシメによく使われる。酒を頼むとお通しがひとり五皿出るので、四人で行くと二十皿で卓がいっぱいになり他が頼めない。

チャーハンでシメ！

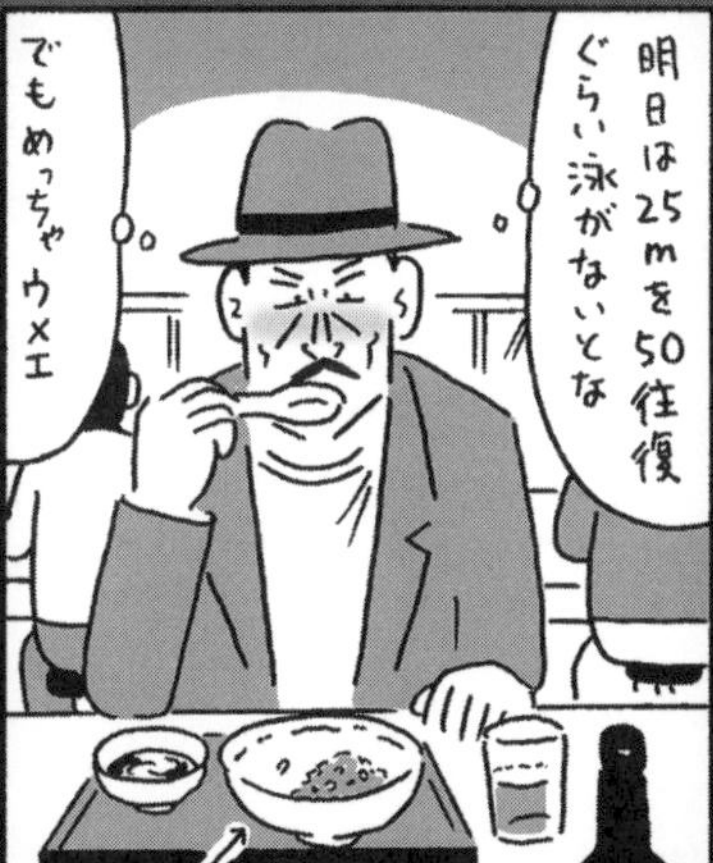
明日は25mを50往復
ぐらい泳がないとな
でもめっちゃウメエ
半チャーハン
これもダメ→

あーやってしまった！

ゴメン俺！

せっかくプール行ったり、腹筋したりし始めたのに！

もちろん腹の贅肉を落とすために。

もう、朝、起きて大後悔。大反省。猛省。

情けない。意志が弱い。心が怠けてる。自分に厳しくない。

昨夜ね、遅くから飲み始めたんだ。近所の店で。

ところがその前に書いていた原稿が、日本のウヰスキーのことでさ。

思わず「イ」を「ヰ」なんて書いてみたりしたんだが。

あのですね、だいたい夜中に小腹が減ってる時に、テレビで食い物のことやってるの見ると、すごく食いたくなって、腹減るじゃないですか。

同じように、真夜中に食べ物のこと書いてると、書いてて猛烈にお腹が空いてくるんですよ。

書いてるものを、猛烈に食べたくなる。

ところが夕べは日本のウヰスキーのこと書いてた。

あ、それはもう書いたな。ゴメン。ボケてきたか俺。

そしたら、空腹よりもまして、ウヰスキー飲みたくなっちゃったんだよ、その日本のが。猛烈に。

どういうところが好きか、というのを必死に心の中に再現して書いているうちに、盛り上がっちゃって、どんどん頭の中も口の中も、ウヰスキーになってきちゃって。

で、書き終えるや否や、その酒を置いてる店にそれこそすっ飛んでった。

夜中の二時頃かな。

んで、件《くだん》の日本のウヰスキーをロックで頼んだ。

「とりあえずビール」なしで。

おいしかった。

そのウヰスキーは、うまかった、というより、おいしかった。

やっぱりお酒は丁寧に飲まないといけないと思った。長い時間かけて神経を研ぎ澄まして作ってるんだからね。何も考えないで、水やソーダで薄めてゴクゴク飲むのは、もったいない。

あの琥珀色、あの芳醇なる香り、そして砂糖などによるものではない奥深い透明な甘み。口の中に少し置いて、ソロリと喉に流す。口中に残るふくよかな余韻。

おいしくて、ああ書けばよかった、こうも書けたな、なんて考えては、明日仕事場に行ったらあそこを書き直そう、なんて思いながらチビチビ飲んだ。

たとえチビチビ飲んでも、シングルなんてすぐなくなる。もうちょっとこのおいしさを、原稿のために味わって、言葉にせねばならない。

次、ダブルでもらった。

ウヰスキーをこんっなにおいっしく飲んだの、久しぶりというぐらい、おいしく感じた。感じたんじゃない、おいしかった！

ツマミ、クリームチーズ酒盗のせのみ。それだけでいい。

日本のウヰスキーに合うんだこれが。

で、結局三、四杯飲んで、店を出た。

とたんに、暴力的な空腹が襲ってきた。

すっげー腹が減ってることにいきなり気づいた。

時間はもう午前三時。

夕飯が午後六時過ぎだったから、九時間くらい経ってるわけで、そりゃ腹も減るわな。

そこに、二十四時間営業の中華チェーン店があったのが運の尽きだ。

ストンと入っちゃった。あーあ。誰か止めてよ。

普段入らない店なんだよ、昼間も。でもそこしかやってないから。
というか、そこがやってなきゃ、おとなしく帰ったんだよ。なら帰れよ俺。
でも、店で席についても、酔ったアタマで、
（ラーメンは、よくない）
と思ってる。
ラーメン屋に入っておきながら。
で、メニューながめること三分半。
長いよ。
「半チャーハン」発見。
これならいいでしょ。
よくない！
しかも、やめりゃいいのに、瓶ビール一本も。
せっかくさっきはビール飲まなかったのに。
あーあ、炭水化物。糖質。油。塩分。
腹出る元凶揃い踏み。しかも寝る前に。
戦慄の最悪出っ腹人間、明日の日本に現る。

ところが。

このビールが、うまかった。冷たくて、ゴクゴクいった。さっき飲んでないから、喉越しが最高。でも今思えばいらない。水にしとけって話。

そしてビールに続いて出てきた半チャーハンがヤバかった。

狂おしいほどウマかったのだ。

そういうものが欲しかったんだね。珍しくウヰスキーだけを飲んでいたから。

具が少ない、やや白っぽい、安っぽいチャーハン。もう全然これでいい。いや、こっれっがっ、いい。

ごはんがちょっとパラパラっとしてて、少ーし硬めで、薄ーく油にコーティングされたあったかい米粒の塊を、口の中で噛み噛みするのが、たまらない。

胡椒の味も悪魔だな。ネギが炒められた香りも悪魔。ゴマ油も悪魔。悪魔祭り。

噛み噛みして、それを飲み込む時に、

「ああ、今ものすごくシアワセなのかもしれない」

と思った。チャーハンが胃袋に落ちていく時、親友とちょっとの間の別れのサヨナラしてるような、安全な切なさ、みたいなのがあったな。馬鹿か。

そんで翌日の朝。

やっぱり後悔して、ひとり静かに落ち込んでる俺。悪の予定調和。

それほど、洋酒の後のシメチャーハンはウマすぎた。

もう食わん。

いや、夕飯のチャーハンを最高にウマクするために、夕方からウヰスキーを飲む、という手もあるな。

それをするためには早起き仕事しなければダメで、そのためには前夜早寝しなきゃダメで、そのためには……無理だな。

こんなもん、寝る前に食っちゃ、最悪!!
でもメッチャメチャうまかった〜〜!!
半なのにちゃんとスープ付き!
酔ってたので容器よく覚えてない
ヤバイ。バカ。

『これ喰ってシメ!』特選

個人経営飲食店十撰⑦

ソーヤーカフェ
SAWYER CAFE
(東京・西荻窪)

古めのロックのレコードが大量にあり映像も豊富で、それらを見たり聴いたりひとりでも楽しい。奥さんの手作り料理がおいしい。

コーヒー牛乳で
シメ!

風呂上がりはビールよりコレ!
ぶ厚いガラス瓶
紙のフタ
コーヒー
「絶滅危惧」
今は「コーヒー牛乳」と言ってはイケナイって…クソだ!!
このフタ開け!

家風呂でも、銭湯でも、温泉でもいい、とにかく汗を流して、顔やからだを洗って、ゆっくり湯につかる。一日の疲れが、お湯に溶けて出していくような時間だ。

そして風呂上がり。これも夏と言わず、冬と言わず、気持ちがいい。

そして「風呂上がりの一杯は、最高」というフレーズがいつの頃からか言われるようになった。

でも若くなくなってからわかったのは、この「一杯」というのは、ビールじゃないな、ということだ。

風呂上がり直後の冷たいビールっていうのは、実はそんなにおいしくないことに気づいた。

あれは、刺激、ですね。

熱いからだに、冷たい炭酸飲料が入ってくると、喉やからだが「ウワーッ」ってなる。その刺激が「快感！」となるわけで、「味」とはちょっと違う。

刺激が嬉しく、刺激が快感で、自ら刺激を求めるのは、若いってことだ。

俺だってライヴハウスで、耳がキーンとなるような爆音でロックを聴いて喜んでた。

今は、爆音続きはストレスだ。だいいち、

「歌詞なんて何も聞こえねえじゃん、それでいいのか」

って思う。でも若い時はまず第一に音がデカイのがいいのだ。非日常の刺激。バイクで俺は風になる、のもそうだ。暴走族の騒々しいミュージックホーンもそう。ジェットコースターも、バンジージャンプもそうだ。

だけど三十代の時、酒飲みの友人が、サウナの出たところに、サービスで水割りカルピスが置いてあって、思わず飲んだ瞬間、

「ウーン、悔しいけど、生ビール、負けたかもしれない」

と思ったほどウマかった、と話すのを聞いた時、

「確かにそうかもしれない」

と膝を叩いた。目が覚めた思いだった。

そもそも勝ち負けを悔しがる場面じゃないと思うが。

今はもう確信してる。

風呂上がりのすぐの生ビールは、イメージほどおいしくない。

体温が上がっているせいか、冷たさも炭酸もキツく感じて、喉の通りが悪い。

ビールは、風呂から上がって、着替えて表に出て、ちょっと歩いたりして、湯上がりの火照りが治まった頃に飲むと、ものすごくウマイ。

歳とってきたせいもある。体力が冷たいものとかに負けてきたというか。

でもそれで気づく真実もある。

「仕事帰りにキンキンに冷えたビールをゴクゴクやるウマさ！」

なんて言うけど、あんまり冷やしすぎたビールは味も香りもよくわからない。「キンキン」は味でなく刺激。

会社でいろいろ神経使ったり無意識にストレス感じたりして、そこにそれを吹っ飛ばすようなガツン、キーン、ていう刺激がまさにストレス発散な感じがして、精神的に気持ちがいいんだね。それもわかる。

でも当たり前に考えて、飲み物でも食べ物でも、おいしい温度というのはある。

ジョッキまで冷やして、生ビールの中に氷ができるようなのをガブガブ飲むなんて、中学生が給食の牛乳をどっちが早く飲めるか競争してるのと、あんまり変わらなく見えてきた。もったいない。

「激辛」も同じ。「味」ではない。タバスコそんなにかけたら、味わからんだろう。

で、話がそれたが風呂上がりはやっぱりコーヒー牛乳だな、最高は。

風呂のシメは、瓶のコーヒー牛乳で決まり。

あの甘さと、なんともいえない口当たりと喉越しの柔らかさが、湯上がりのからだにやさしいんだ。あの一本の量もいい。

だけど、瓶の牛乳がどんどんなくなってるんですね今。サビシイことだ。

さらに瓶はさて置き、「コーヒー牛乳」という製品名も、もうダメなんだってね。他のものが入ってると「牛乳」と名乗ってはいけなくなったらしく、「コーヒー乳飲料」って言えってさ。

世知辛い世の中ですなぁ。↑ジジイ。

まあ、いい。ここぐらいでは言わせていただく、コーヒー牛乳。

湯に入っていても汗をかくから、からだも水分は欲しい。

適温に冷えたコップ一杯の水もウマイ。麦茶もウマイ。

でもやっぱり風呂上がりはコーヒー牛乳が一番。キッパリ。

現代に至るまで、銭湯に必ず置いてあるのには、それなりの理由がある。

湯から上がって、からだを拭いて、パンツをはいて、その状態でしばし休んで、汗がひいたらズボンやシャツを着て。

そこでおもむろに一本、バンダイの横の冷蔵庫から出す、自分で。

ここのところもなんとなくいい。自分で冷蔵庫から取り出して、番台のオバチャンにお金を払うところも、しみじみ日本の銭湯の湯上がり風情なんだな。

んで、蓋を開けて、立ったまま飲む。

若い頃、よくオジサンが、瓶を持ってないほうの手を腰に当てて飲んでる姿を、「おっさん～」と笑ってた。

わかってなかった。あれは、型、だ。

歌舞伎の見栄とか能の型とかそういうのに近い、伝統が育んだひとつの型。

ことわざとかそういうのと同じ、誰が作ったんでもなく、多くの人間に支持され、洗練され、残った姿勢なのだ。

「銭湯でコーヒー牛乳を飲むのに、一番具合がいい姿勢である」として、時代を乗り越えて今

宙を見ている
コワイ顔に見えるがものすごくウマイと思っている。
若者はあらゆるものの「型」を嫌う。それはまだコドモだからだ。
どんな若者もいずれこーなる。
せいぜい「キンキンに冷えたやつ!」なんて喜んでる。
裸足で木の板を感じながら飲むのがイイ。

に残っている型なのだ。

ことわざの「急がば回れ」とか「光陰矢の如し」とかと同じ、真実なのだ。

あの、おっさんの「牛乳腰に手を当てて飲み」というのは、銭湯とともに、ニッポンの文化と言ってもいい。(言いすぎだろ、おっさん)

風呂のシメは、コーヒー牛乳。

それから支度して、表に出て、近所をゆったり散歩して、良さげな居酒屋を見つけて、暖簾をくぐって生ビール。

それがいい。(なんだ、結局飲むんかい酒)

「8番テーブル」にて
土台の客
by Q.B.B (究極の・バーは・便所がない?)
21年目ですか
最初に店の土台を作ってくれたお客さん達の存在が大きかったですね
土台かァ・・・わかるような気がするなァ
このレモンサワー妙にうまいぞ・・・
土台さんたち集まるといっつも同じ話しかしないんですけどね
アハハわかるわかる
カラン
8番テーブル
同じ客と同じ話で笑える小さな古い店知ってるって
大人の宝物だよ

『これ喰ってシメ!』特選

個人経営飲食店十撰⑧

8番テーブル

（東京・武蔵小金井）

何を食べてもおいしく、工夫があり、安い。しばらく行かないと見たことないメニューが必ずできてる。シメに迷う店である。

実家めしのシメ！

「実家チャーハン」
・卵が入ってない
・自家製ニンニク醤油漬けを刻んで入れる
・具はネギだけ
カレースプーンで食う
ウマイ！

久しぶりに三鷹の実家に行った。自宅の元俺の部屋の片付けの、最後の確認。本なんかみんな紙が日に焼けて売り物にもならないから、全部捨てた。中途半端な若い頃の作品も、みんな捨てた。未練はない。断捨離。

でも何冊かは、仕事場に持ってきた。これで最後だ。

終わって帰ろうとしたら、母が、

「何もないけど夕飯食べていく?」

と言う。

この「何もないけど」というのが親だ。

何もなかったら、夕飯なんて作れない。無を食す、なんて坊さんの世界だ。

この場合の「何もない」は「たいしたご馳走はないけれど」という意味の謙遜の言葉だ。

お土産を渡す時の
「つまらないものですが、これ、よかったら」

と同じ。本当につまらないものなら、人にあげるのがむしろ失礼だ。

まあ、そこは、日本人の親子だしわかってるわけで、

「じゃあ、食べていこうかな」

となるわけで、こっちもまた、絶対食べるくせに「かな」と言葉尻を濁してる。

こうして、久しぶりの実家めしで、断捨離をシメくくることにした。

「ちょっと漬け物でも食べて待ってて」

と言って、キュウリのぬか漬けが二本分、器に盛って出された。太い。

昨日親戚の家庭菜園で採れたやつをもらって今朝ぬかに入れたそうだ。

ひと切れ食べて、

「ああ、これだ。こうだったこうだった」

と、軽く感激。このぬか漬けを、毎朝毎晩食べて育ったのだから。

それにしても、この爽やかさは、ぬか床から出したてだけのおいしさだ。

どんないい店の漬け物を買っても、家に帰るまでに味が変わってしまう。何度かガッカリして、外でぬか漬けは買わなくなった。

これと味噌汁だけでめしがいくらでも食える。と思った。

ぬか漬けをポリポリ食べて、お茶を飲みながら、自室で発見した古本を読んでたらごはんと味噌汁とおかずが出てきた。

おかずはコロッケだった。自家製のいもコロッケ。子供の頃食べたのと同じだ。

小ぶりで楕円を少しだけつぶした感じ。俵型なんて洒落た形じゃない。

しいていえば河原の小石型。肉屋のコロッケを「かっこいい」と思ったものだ。

衣はサクサクではなく、カラッとでもなく、シットリしている。

衣の色はキツネ色なんてきれいな色ではなく、薄茶色でところどころコゲ茶色のムラがある。

だがこれに中濃ソースをドロンとかけて、箸でヨイショと持ち上げてガブッといくと、たンまらなく、ウマイ。

中はまだ熱くて、ホクホクしている。ひき肉がちょっとしか入ってなくて、ほぼじゃがいもだ。

このコロッケが、ごはんに合う。

食堂で「コロッケ定食」なんて食べることは、まずない。

「生姜焼き」とか「レバニラ炒め」とか「サバ塩焼き」とか、ちょっとしょっぱくて、いかにも白いごはんのおかずになるようなものを頼む。たまに食べるコロッケは、定食屋ビールのツマミだ。

だが、こと実家のコロッケに限って、めしに合う。ほどんどじゃがいものコロッケで、白いごはんが、いくらでもいける。

これを食って育ったからだろう。しかたがない。

コロッケの脇には、シソの葉を切って混ぜたキャベツの千切りが、たっぷり盛り上げてある。

ボクはこれにもソースをかけちゃう。シソの葉にソースは、ちょっと気持ち悪い気もするが、かまわない。それも、実家だと多めに掛け回す。外食の時はもう少し気を使う。少なめにかける。

俺はキャベツにソースをたくさんかけるのは「みっともない」と思っている節がある。「カッコ悪い」と人目を気にしているような気もする。

そして、このキャベツとコロッケと一緒に口に入れて、食べる。

ものっすごいウマイ！

ホコホコと、シャリシャリが口の中で混じり合うのがたまらない。

キャベツもシソも親戚の家庭菜園からのもの。マズイわけがない。

母の切る千切りキャベツは、飲食店のものより粗い。一本一本が、太い。

これは、おいしくないキャベツでやると最悪だ。

ゴリゴリ固くて、なんだか青臭いキャベツというのがあるが、そんなのをオフクロ切りにすると、マズくて食えたものではない。

このキャベツは、やわらかくて、全然青臭くない。甘みがあってサクサク。だから粗い千切りがむしろ功を奏して、口の中で実にいい。咀嚼すると、口中で、いい暴れ方をしてでも柔らかさもあるから、それがホクホクどっしりコロッケを、最高にイイマッチング。

あともう一品はカボチャの煮物。

これは実家のものでも、正直あんまり好きじゃない。

ひと切れぐらいしか食べないんだけど、ドカンと器に出てくる。多い。

でも食卓にカボチャの煮物が並んでると嬉しいのはなぜ？　色味？

そのかわり、後から登場したのが、できたての茄子とミョウガの味噌汁ときたもんだ！

ああ、もうこれは必殺。悩殺。息子悶絶の実家味噌汁ナスミョウガ。

味噌の田舎臭い香りが、悔しいけど俺には刷り込まれてる。

具は最後に加えて、まだ歯ごたえのある夏野菜の貴公子・ミョウガと、重鎮・茄子。鉄壁のコンビ。新鮮な茄子はあまり煮込まないほうがウマイ。

ぬか漬けは出したて、味噌汁はできたてに勝るものなし。

肉も魚も、この二つには全然頭が上がらない。(俺の中では)

「オフクロの味」というフレーズが昔っから嫌いだった。マザコンぽくて。

でもこの実家のコロ定には、完膚なきまでにやられた。ぐうの音も出ない。夢中で食べて、めしもお替わりして、コロッケ四つも食った。

食後、コップの冷たい麦茶をゴクゴク一気飲み。

ご馳走様して、仕事場に戻って、今これを書き終えた。

(※今は母は病院暮らしで、この項は狂おしい気持ちで直した。もうこの実家めしを食べることはできない。永遠に)

カボチャ煮(なくてもいい)
シソ入りキャベツ千切り
キュウリぬか漬け
小さいホタテフライ
いもコロッケ
ミョウガとナスの味噌汁
中学生頃から使ってる茶碗
たきたてごはん

『これ喰ってシメ!』特選

個人経営飲食店十撰⑨

餃子菜館

（東京・三鷹）

『孤独のグルメ』に出た秩父の「餃子菜苑」は昔ここで修行した人が開いた店。ロケで独特焼きそばを食べ気づき、偶然に驚愕。

お茶漬けでシメ！

全然生臭くない驚き！
ほうじ茶
いか塩辛
お茶をかけると塩辛が縮むのがカワイイ
レンゲで食べたりして

「お茶漬けさらさら」って言葉は魅力的だ。

だけど、実際茶漬けを食べる音は
「サラサラ」

じゃ、ないよな。言うなら、

「ズルズル」だよな。

「ズルッ……ドゥル……」とか。

いずれにしても、あまり西洋人が好感を持つ音ではないだろう。

最近、飲み屋でシメにお茶漬け食ってる人をほとんど見かけない。

最後に見た人は、酔っぱらって注文して、そのお茶漬けが出てきた時にはもう寝ていて、店員に起こされても、ひと口しか食わないで帰った。

あーあ、もったいない、と思った。

あと、昔はサラリーマンが酔って遅くに帰ってくると、家でお茶漬けを食べていたものだ。

と書いてながら、ボクはサラリーマンをやったことないから、イメージだけ。ちょっとウソを書きました。

父は酒を飲まなかったから、そんな光景は実家で一度も見てないし。

でも、小津安二郎の映画にはズバリ『お茶漬の味』という名作があって、そういうのが刷り込まれているんだろう。

『お茶漬の味』を三鷹にあった名画座（↑この言い方も古い）で初めて観た時、いったいどんなお茶漬けを食べるのかと思って、興味深くその時を待っていたら、主人公は、ごはんにお茶をかけて、お新香と一緒に食べるだけだった。

お茶漬けじゃないじゃん、せめて、塩っぱい感じの漬け物をごはんにのせて、熱いお茶をかけ回してほしかった。

でも、実においしそうだった。真夜中のお新香と、お茶かけめし。

今は、夜中のごはんはからだによくない、と敬遠されているのかな。

子供の頃は、シメじゃなく、夕飯時にお茶漬けを食べたりした。

「永谷園のお茶づけ海苔」です、もちろん。

たぶん、夕方お菓子とか食べちゃって、夕飯時にごはん食べたがらないから、親が無理やり食べさせるために、秘密兵器としてそれを使ったんじゃないだろうか。

インスタントのお茶漬け海苔、好きだったな。

後から発売された「梅干茶づけ」も食べた。

大学生になって、居酒屋で永谷園お茶漬けに三つ葉をのせて、ワサビを添えたのを食べたら、オトナの味がして、感激した。

今思えば、実家にいた頃、外で友達と飲んで帰ってきて、夜中の台所で、シメのお茶漬け作って食べてたな。

その頃一番好きだったのが、瓶詰めのなめ茸のお茶漬け。

茶碗にジャーのごはんをよそって、なめ茸をドローッといっぱいかけて、ポットの湯をかけ回して食べるの。

あれはおいしかったなぁ。気がつけば二十年ぐらい食べてない。


イカの塩辛茶漬けもやった。

あれは、最初に人に聞いた時、

「うわぁ、生臭そう」

って思った。騙されたと思って食べてみろ、と言われたので「じゃあ騙されてやる」と食べたら、これが超ウマイ。驚いた。

熱いお茶をかけると、ごはんの上でイカが小さくなるのが、カワイイ。

全然生臭くない。むしろ、生臭さが消える。塩辛の味が、出汁のようになって、コクも出て、本当にご馳走茶漬け。

イカの塩辛というのは、もらうと冷蔵庫の中でなかなか無くならなくて、結局全部食べられず捨てることが多かった。

だから伊豆なんかに行って、宿でうまい塩辛を食べても、お土産に買うのを躊躇したものだった。

だがイカの塩辛茶漬けを知って「大丈夫、余ったら茶漬けだ!」と、買うのが怖くなくなった。

大人になってから知った茶漬けで好きなのは、すぐきの漬け物茶漬け。

すぐきは思い切ってたくさんのせ、お茶を注ぐ。お湯でもいい。

それだけで、すぐきの実力というか、京都の底力を思い知るような、高級感さえ漂うお茶漬けになる。

一番最近知った、と言ってももう十年ぐらい前か、お茶漬けは福井県の、小浜で食べた、へしこの茶漬け。鯖のへしこは、鯖を一年間ぬかに漬けて作る若狭名物。

へしこはおいしいけど塩っぱいので、少しずついろいろな料理に使うが、結局、お茶漬けが一番おいしいような気がする。

これを、宴会のシメに食べた。若狭湾の、鯛とか蟹とか河豚《ふぐ》を肴に酒を飲み、シメにこれが出た。

炙ったへしこをごはんにのせ、だし汁をかけ回したものだが、そこまでのご馳走が吹っ飛ぶほど旨かった。

書いていたら、猛烈にお茶漬けが食べたくなってきた。

さて、飲みに行って、シメに食ってくるかな。

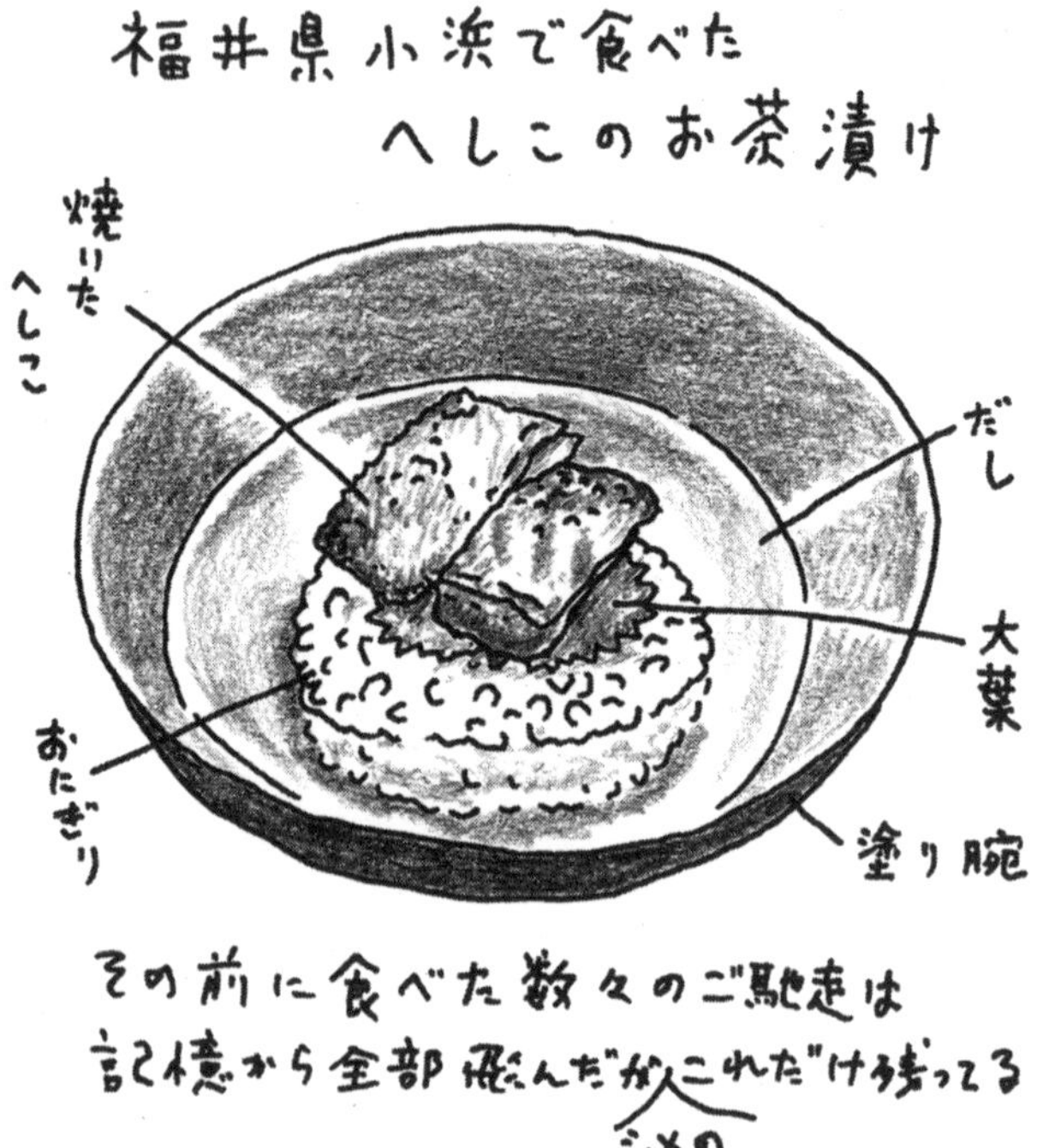
福井県小浜で食べた
へしこのお茶漬け
焼いた
へしこ
だし
大葉
おたぎり
塗り腕
その前に食べた数々のご馳走は
記憶から全部飛んだがこれだけ残ってる
シメの

プール帰りの焼きそばジメ！

昔、そこの市民プールの脇におでんの屋台がありましてね
ありましたありました！運転手さんも食べたんですか！
実話

毎日暑い。

暑い時は、プールだ！

己のからだをプールの水に放り込むに限る！　それも絶対屋外プール！

武蔵野市民プールは、ボクが小学生だった頃からある、老舗五〇mプールだ。

深いほうは深度が一・六mもある。小学生はそこには入ってはいけない。

この子供差別のおかげで、どんな暑い日も、深いほうには邪魔なガキンチョがいなくて大人天国。しかも入場料二〇〇円！

真夏の真昼、屋外プールで、やや冷たくて深い水に潜るほど気持ちのいいものがあるだろうか。ない。

泳いでいて見える、青いプールの底の光の揺らめきが美しい。これを見ているだけでも、心、別世界に飛べる。炎天下なにものぞ。

地面からも解放され、全身、水にしか触れていない。……いや、股間尻まわりは水着の布が触れているが。

しかし「水着」って変な名前。水を着るみたいだ。つまり全裸だ。

ボクが子供の頃の「海水パンツ」は、もっと変。海水でできたパンツ。

プールや川では「淡水パンツ」だろ、言うならば。

話がそれた。

本当に、真夏のプールほど気持ちいいものはない。混んでなければ。ひとりで行って、ただ泳いでいるのがいい。ゆっくり二十五ｍをクロールと平泳ぎを交互に、時々休みながら繰り返して泳いでいるだけでいい。

何も考えないで、水と戯れる。締切とか、全部忘れる。水の中は忘れやすい。

そうやって、一日せいぜい三十分か四十五分で、ボクは納得する。

短時間で十分満足できて、しかもしっかり全身運動できるのがいい。

さっと上がって、シャワーを浴びて着替えて出る。

この時にシャツも着替えると、風呂上がり的爽快感も味わえる。

プールの行き帰りは前は自転車だったが、最近はバス。

バスはプールで冷えた体温が長く保存されてよい。昼のバスは空いていて座れる。この座りが、いい休息になる。

自転車は、乗り始めこそ涼しいが、すぐ暑くなって、帰り道も汗かいて、不快。で、駅前に戻ってバスから降り、ムッとする暑い中をちょっと歩いて店に入り、プールのシメだ。

焼きそば。そしてその前にビール。

なんでもないソース焼きそばがいい。「五目」とか「上海」とか、不要。とろみだの海老だのキクラゲとか、邪魔。

キャベツともやしと、豚バラがちょびっと入っていれば、文句なし。

午後二時頃で、たいてい蕎麦屋やラーメン屋は空いている。

どこでも座れる。座ったらメニューも見ずに、

「ビール小瓶と焼きそば」

と頼む。昼食や夕飯の時なら、ビールを頼んで、飲みながら何を食べるか考えるのも楽しいが、プール帰りは即断。

焼きそばを待ってる時の、お清めのようなビールの一杯が、最っ高にウマイ。

コップ一杯、一気飲み。

喉が渇いてるし運動後だから、吸い込みが早い。

水に入ってたのに喉が渇いてるのが、当たり前だけど不思議。

魚も喉が渇くのだろうか。

海の魚は真水が飲みたくならないのだろうか。

ジンベイザメはあんな大きな口をのべつまくなしボッカリ開けてて、腹が海水でガボガボにならないのか。

なんて頭の悪いこと思いながら、二口目からのビールはゆっくり飲む。

スポーツ新聞があったら、ちょいと開いて読みたいような、心のゆとりがある。読むというより、新聞という大きな印刷物を開いたりしたい。それで誌面を眺めたい。内容なんて頭に入ってこなくていいの。

泳いだことによる全身の軽い気だるさが、一杯のアルコールによって、中和されていくんだか麻痺していくんだか、そんな感覚も心地いい。

そうやって、ゆったりと待っていると、焼きそばが現れる。

この局面での焼きそばがメチャクチャにうまい。

ちょいとべちょっとした焼きそばが、いい。このやさしいベチョが。

そのベチョの中の、もやしのサク、とキャベツのザクが、いい。上下の歯が喜んでる。舌も喜んでる。

俺も嬉しい。って歯や舌は俺じゃないようだ。俺の率いるチームの選手。

青海苔の香りもいい。歯にちょいとくっついてもかまわない。

ほんで、紅生姜がおいしい。紅生姜、大事。紅生姜、宝。紅生姜、親友。

小学校の頃、武蔵野市民プールの脇には、おでんの屋台が出ていた。そこでおでんをひとつ二つ食べるのが、プールの後の最高の楽しみだった。

　はんぺんやガンモやちくわぶ。一個一〇円か二〇円。おじさんが串に刺して出してくれるのを落とさないように、慎重に食べる。

　子供たちの頭は、まだ濡れていた。蝉がうるさい夏休み。

　あのおでんのプールジメには、ベチョ焼きそばも遠く敵《かな》わない。

深いプールの
プールのシメの
ソース焼そば!!
ビール
(小)
青のり
紅ショウガ
M. Ansumi

自家製ぶどうパン　トーストでシメ！

すいません 今日早じまいで ラストオーダー になるんです けど…
あ、食べ物は いいです 芋焼酎のロック を一杯だけ
にら玉
こ
ういんなー
※店の人はもう締めたいん だから早く帰れよ！

深夜に仕事が終わって、いつものように近所に飲みに行った。

ひとりだからカウンターで、お通しのマカロニサラダをつまみつつビールを飲み、さて明日の仕事はどういう段取りでやろうかな、なんてぼんやり考えていた。

マンガやら文章やら音楽やら同時進行しているから、どれからどう進めるか、ちゃんと考えて仕事しないと、迷惑かけてしまう。深夜、こうして飲みながら、手帳を出してスケジュールを立て直すのは、いつものことだ。（※コロナ以降しなくなった）

で、そんなことをしながら、瓶ビールを飲み始めたわけです。

そしたら中瓶の半分も飲まないうちに、若いバイトが、

「すいません、ラストオーダーになるんですけど、何かご注文ありますか」

と言ってきた。えぇ？　ちょっと早くないか。

と思ったら、カウンターの中のマスターが近づいてきて、

「申し訳ありません、今日ちょっと早じまいさせていただきたいんですよ」

と、両眉をハの字に下げて、すまなさそうな顔をした。

「いえいえ、いいんです。じゃあ芋焼酎をロックで一杯ください」

と答えながら、俺は今、若いバイトにラストオーダーと言われて、露骨に不満げな表情、嫌ァ〜な顔しなかったか、と焦る。しかもその顔をマスターに見られたんじゃ

ないか。恥ずかしっ。

ラストオーダーか。シメか。どうしよう。でも、今夜はきっと一刻も早く閉めたそうだし、今から料理を作ってもらうのも悪い。マカロニサラダの残りで、焼酎パッと飲んで帰ろう。

と思って、出てきた焼酎に口をつけたら、マスターが背後からやってきて、

「これ最近ウチで買ったホームベーカリーで焼いたパンですけど、よかったら明日の朝食にでも食べてください」

と、ビニール袋に入ったパンを手渡してくれた。レーズン入りの食パン。これは嬉しい。

だけど言われた通り、明日の朝食にしよう、とは思わないんだな。帰って、こいつをアテに飲みなおそう、コンビニで酒買っていくか。

と、こういうことになる。酒飲みってーのは。

ホントは冷やした赤ワイン（赤冷やし、邪道で結構）がウマイはずなんだが、冷やして売ってないから、ビールでガマン。

と心で思いながら、ビールと一緒に安いワインをカゴに入れてるよこの人は。ビール飲んでる間、冷凍庫に入れといて、ちょっとでも冷やそうというケチな作戦

だな。お天道様はお見通しよ。

さて、うちに帰って、上着も脱ぐ前に、ワインを冷凍庫に入れ（そういうとこはマメ）、いただいたパンを厚めに切って一枚トースターに入れる。

今朝できたパンだっていうから、そのまま食べてもマズかろうはずはないが、焼いたらもっとウマイにきまってる。（こういうとこだけマメ）

缶ビールをコップに入れて飲んでたら、い〜い匂いがしてきた。

パンの焦げる匂いって、たまりませんですね。

急に腹が減ってくる。

朝早くに駅に向かってる時、通り過ぎたベーカリーから焼けたパンの匂いがしてくると、もう何もかも投げ出して、どこかに座ってコーヒー飲みながらそのパン食べたくなる。焼きたてパンを手でちぎって頬ばる至福……。

って、そういう時は、たいがい遅刻寸前で血相変えて早足に歩いてるに違いなく、そんなこと言ったらぶっ飛ばされそうな状況なんだけど。

で、話は自宅に戻るが、コンガリ焼けてきたところで、トースターからパンを出し、あちちっと皿にのせて、あちちっと手で二つにちぎる。

その一片に冷蔵庫から出したまだ硬いバターをひとかけのせ、もう一片のパンをのせて挟む。

こうするとバターはたちまち柔らかくなることを、一度味をしめた猿のように俺は知っている。猿知恵。

そして、空《から》のコップにビールを注ぎ、ゆっくりと飲む。

そしたら、ぶどうパンの上の一枚を持ち上げる。

湯気が上がって、ほーら溶けてる溶けてる。

それをパンの端で、もう一枚の表面のバターを伸ばす。スプーン的なものはめんどくさいので出さない。

サクリと食べて、驚いた。

ここまで来ていたかホームベーカリー。

耳の部分のしっかりした噛みごたえと、噛むほどに広がる香ばしさ。味。

そしてパン地のソフトさ、弾力があり、引きまである。

熱い食パンの香りがたまらない。甘みがある。

そこに干しぶどうが心憎いアクセント！

あらためて今わかりました。

俺、バタートースト、好きです。

心から大好きです。
付き合ってください！
これ、ご馳走すぎて、朝めしにはもったいないんじゃね？
酒の肴、それもかなり高度な一品料理じゃね？
ってわけで、ビール二缶飲んで、冷凍庫のワインも開ける。
わ、ちょっと冷えてるぅ！
なんて喜んで、結局、もらったパン厚切り三枚に分けて、全部食った。
真夜中のぶどうパントーストジメ、らしかった。

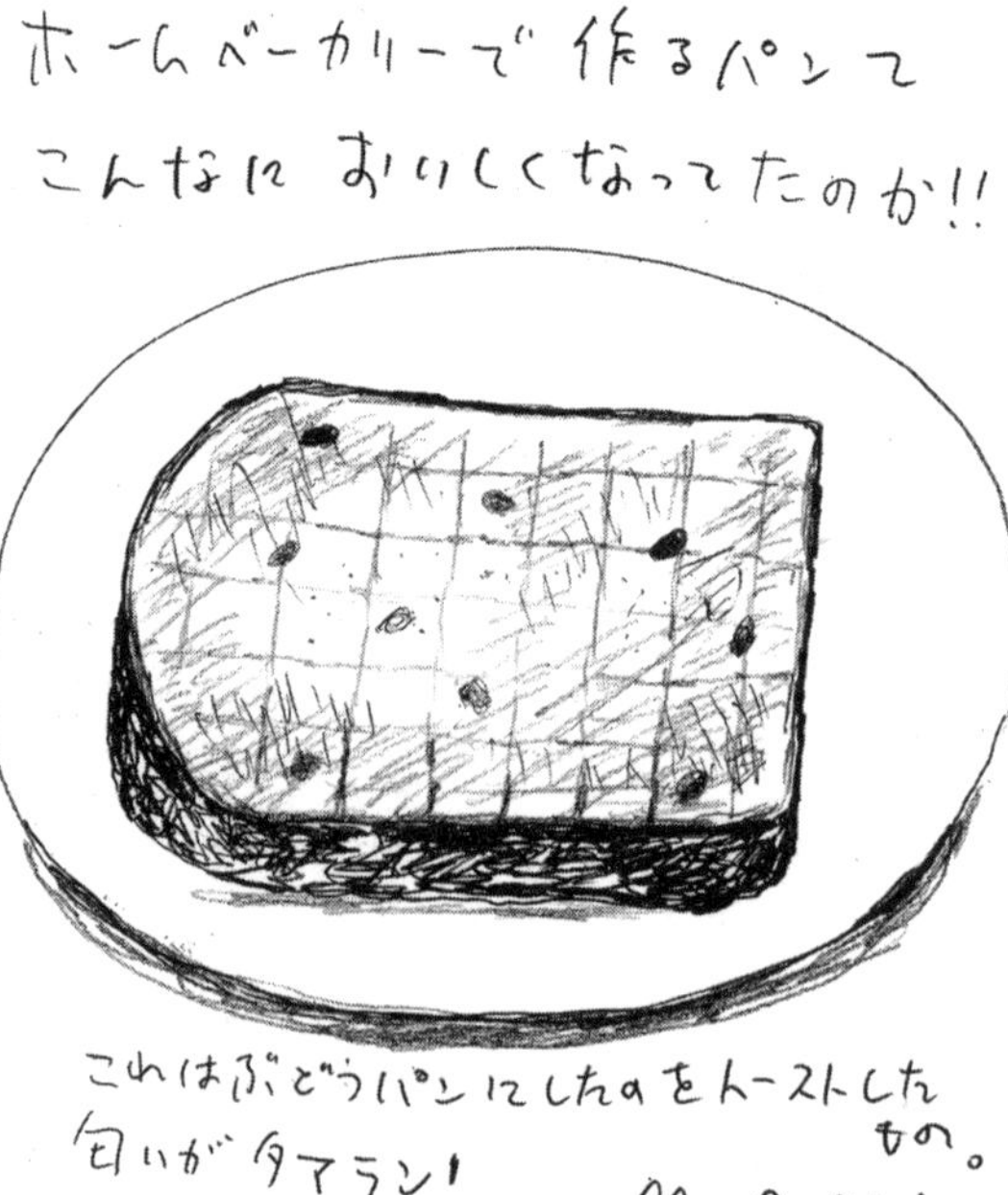
ホームベーカリーで作るパンて
こんなにおいしくなってたのか!!
これはぶどうパンにしたのをトーストしたもの。
匂いがタマラン!

水でシメ！

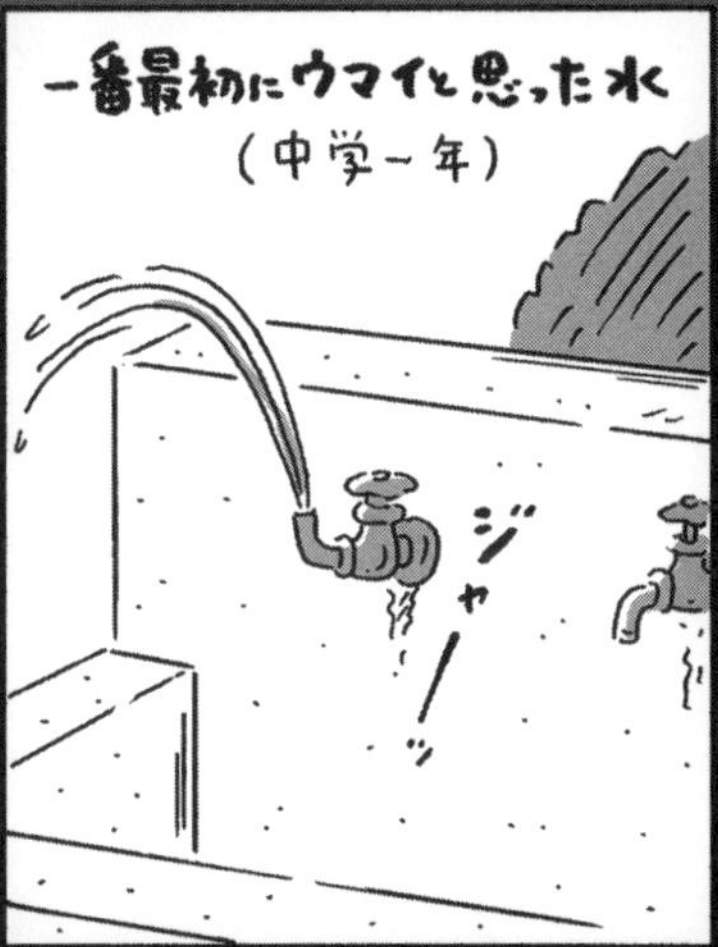
一番最初にウマイと思った水
（中学一年）
ジャー！ッ

いっとき「究極の」という言葉が流行ったが、究極のシメは水ではないか。

水。

ただの水。

単なる水。

「酒はやめても、酔い覚めの水はやめられない」

という諺があるが（コトワザかそれ？）、確かにウマいことを言う。

酒飲んで酔っぱらって帰って寝て、夜中に目が覚めてトイレに行って、喉の乾きを覚えて飲む一杯の水のウマさったらない。

からだが水を激しく欲するのにかきたてられて台所に向かい、流し込むようにコップの水を飲む。

喉越し心地よく、冷たさ気持ちよく、味がないこと清々しい。

ゴクリゴクリと音を立てて飲むごとに、からだに生気が戻り、ゾンビになりかけた酔い覚め男が、真人間に戻っていくような感覚がある。

台所の蛇口から、水道水をコップにジャーッと注いで飲むのがいい。

ミネラルウォーターとか、めんどくさい。

カルキだなんだ抜かすやつは、シラフで蒸留水飲んで、死ねばいい。（言い過ぎ）

日本の水道水はおいしい。

最初に水を「ウマイ!」と思ったのは、中学校でバスケット部の練習の後だった。炎天下で走ったり、うさぎ跳び(今や膝や腰に悪影響があるからやらせないそう)などさんざんやって(やらされて)、終わってから水飲み場で飲む水道水。蛇口を上に向けて、ダイレクトにガブガブゴクゴク飲んだ。

あんなにウマイ水はなかった。

「あー! うっめぇ! おれ六ℓぐらい飲んだな!」

とか大袈裟に騒いだ。そんなに飲めるわけねえ。中一男子丸出し。

とはいえ、実際お腹がガボガボになるほど飲んだ。

なんにしろ、運動後のシメの水道水に勝る飲み物はないと思った。

卒業文集の企画ページで

「好きな食べ物　水」

と書いた奴が本当にいた。

だが、最近、中学の同級生が、日曜に母校のグランドを借りて、草サッカーをやったそうだ。

その後に水飲み場で、同じように水を飲んでみたそうだ。

あの青春の水の滋味旨味感激を思い出すかと期待したら、ぬるくてなんらかの添加味(それがカルキかはわからない)がして、滅茶苦茶まずかったと言っていた。

やっぱりそうなのか。

彼はなんだか腹が立って、シャワーを浴びて更衣室で着替えたら大急ぎで生ビールを飲みに行ったそうだ。

ハハハ、そんなもんかもね。

思い出のおいしさを味わうためには、その時の年齢に戻らないとならない。不可能。


大人になって水を純粋にウマイと思ったのは、会津喜多方。

郡山の取材の途中、友人の車で喜多方にラーメンを食べに行った。

街に到着して、運転手が車を駐車場に置きに行っている間、とりあえずひと休み、と喫茶店に入った。

そこで最初に出された水を何気なく飲んだら、おいしくてビックリした。

「なにこれ⁉」

と思って聞いたら、普通の水道水だという。

喜多方ラーメンのおいしさの秘密はこれかぁ！　と食べる前から思った。

そして食べたラーメンも確かにおいしかったが、ラーメンを食べ終わって、スープまで全部飲んで、その後に飲んだ水がまた本当にウマかった！

ラーメン後の水はいつもおいしい。だけど、この時の水は格別だった。

最近では東京の山奥、檜原村に行った時に飲んだ水がウマかったなぁ。宿のごはんも味噌汁も、そして豆腐も全部おいしかった。もちろん食後のお茶も。

でも仲居さんに聞くと、使っているのは、蛇口をひねると出てくる水道水だという。

そこのお風呂が、また気持ちよかった。

宿の主人は、

「ウチの風呂は残念ながら温泉じゃなくて、すみません」

と言ったが（近所に温泉の宿もある）、その水道水を薪で沸かした湯が、ものすごく滑らかで、実に肌に心地よかった。

もちろん無色透明無臭のお湯だ。だがヘタな温泉より断然心地よくて、いつまでも入っていたかった。

その風呂上がりの、風呂のシメの水がまたウマイ！

でもその後ビール飲んじゃって、酒も飲んで、酔って寝て、夜中にトイレに起きて、洗面台の水をコップに汲んで飲んだら、これがまた目が覚めるような絶品水道水だった、というオチ。

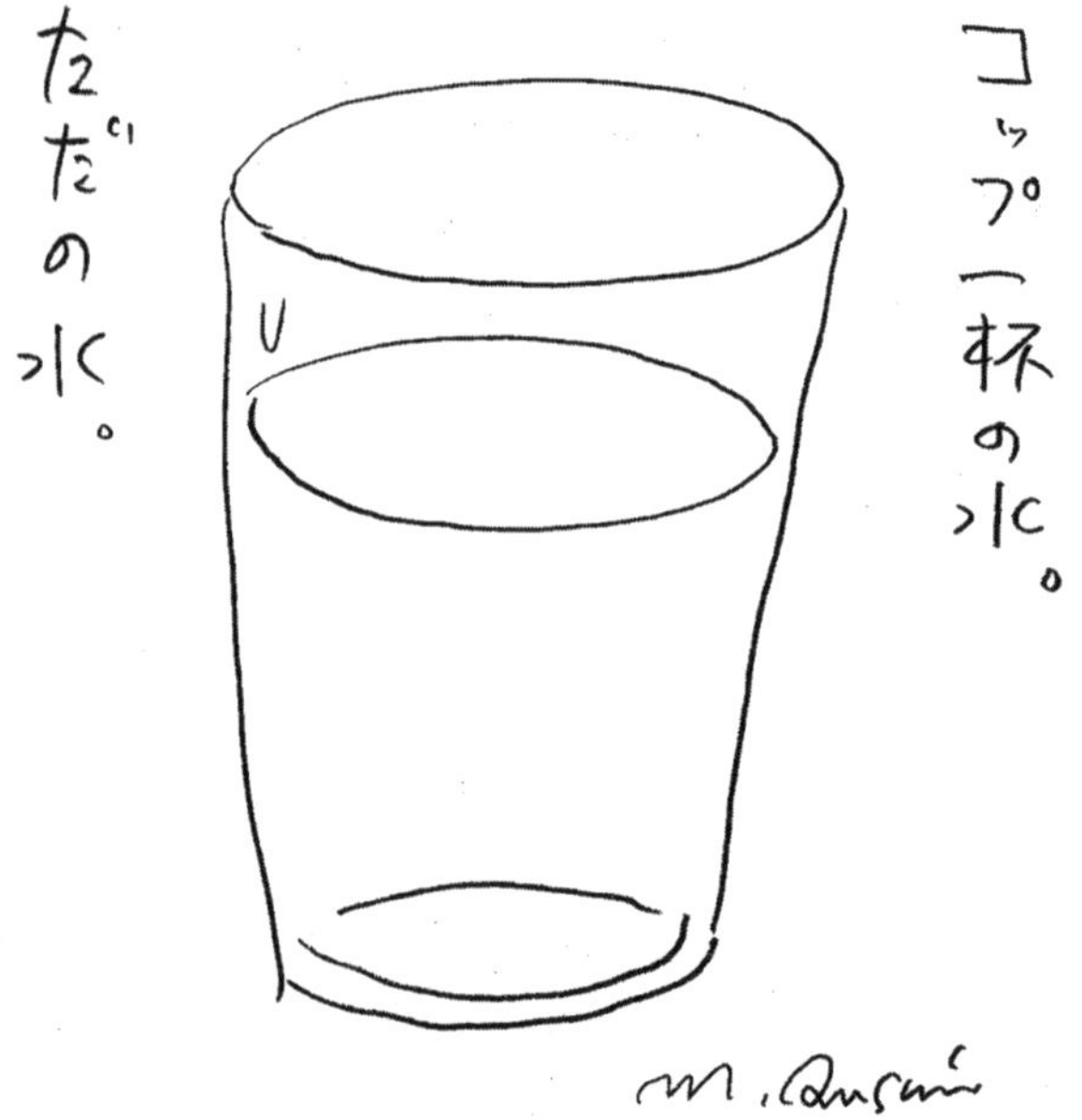

ホットコーヒーでシメ！

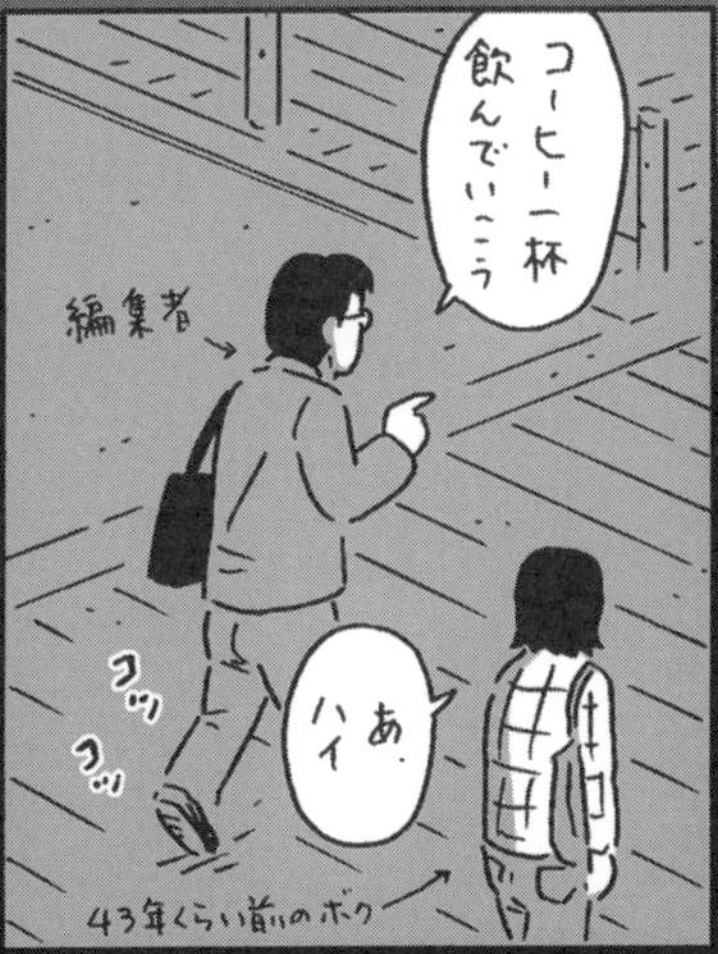
コーヒー一杯
飲んでいこう
編集者
あ、ハイ
コッ
コッ
43年くらい前のボク

飲んだ後、必ずコーヒーを飲む編集者がいた。

ボクがホントに若い頃で、その人は十歳ぐらい年上だった。

「打ち合わせ」と称しては飲みに連れていってくれた。

そして一軒二軒とハシゴして、大いに飲んだ。

ボクはまだマンガ家デビューして二年ぐらいしか経ってなかったが、その人はボクに、短い文章の仕事や、イラストの仕事をくれた。

話が好きで、聞き上手だった。

ボクが当時友だち同士でどういうことを話してるか、笑ってるかを聞きたがり、それを聞いては大声で笑って、

「お前、それそのまんまマンガに描けよ！」

などとけしかけてくれた。

そして、笑ったお返しのように有名マンガ家や作家の、信じられないような裏話やオマヌケな日常話をしてくれた。

ボクはプロの馬鹿話に、驚いたり憧れたり、呆れたり大笑いしたりした。

その人は酒は飲むけれど、家では飲まないと言っていた。

ひとりで飲みに行くこともないと言っていた。飲食店の常連客やなじみ客になるの

が大嫌いだから、と言っていた。それはなんだかわかるような気がした。すぐに店主に「マスター!」と言ったり、女性店主を「ママ」と呼ぶことを嫌悪していた。要するに慣れ合いになるのが嫌なのだ。

あらかじめボクの終電と自分の終電を把握していて、時計をちらちら見るなんてことしなくても、話がひと区切りついたところで、

「じゃ、行こうか」

と、飲み屋を切り上げた。

そして、帰るのかと思うと

「コーヒー飲んでいこう」

と、深夜までやってる喫茶店に行って、熱いコーヒーを飲むのだった。

ボクは言われるままに、ついていった。

ボクのほうは、彼の話が面白いから、もう少し一緒に飲みたい気持ちだったところで、まだ帰るのには早そうな時間に突然お開き、そしてまさかのコーヒージメに、初めはちょっとビックリした。

彼は店に入って注文すると、煙草を出して一服した。

そして、ちょっとだけ落ちついた話をする。

それはさっきボクが話してた馬鹿話をどこの雑誌のどういうページでこんなかたちにできないかな、という実に具体的なものだった。

さっきゲラゲラ笑っている間も、この人は頭の片隅で、そういうこと考えてたのか、とボクは編集者の仕事ぶりに感心した。

コーヒーがくると、ほとんどひと口か二口しか飲まないで、

「じゃ、帰りましょう」

と店を出るのだった。

「どんなに飲んでも、最後にコーヒー飲まないと落ち着かないんだよ、ごめんな、キシシシ」

と編集者はヘンな笑い方で笑った。

その夜は、全部飲み食いのお金を出してもらえるし、面白かったから、喫茶店に行くことは全然不満じゃないけど、なんだか無駄なような不思議なことするなぁと思った。

そんな話なら、さっきの飲み屋でもできたんじゃないか。

でも、今になってみると、コーヒーは打ち合わせ飲みのシメで、いいクールダウンだったな、と思う。

十歳ぐらい若いボクに合わせて飲んで話して、実はそれなりに神経も使ったんではないか。大学生活には少し疲れたかもしれない。

タバコを一服して、コーヒーをひと口啜って、編集者としての自分のペースを取り戻す時間だったのかもしれない。

ボクに今そういうことができるかと言うと、はなはだ自信がない。

当時三十代だった編集者は、派手な遊びもしなければ、オシャレでもなく、小さくて貧弱なメガネ男だったけど、やっぱり仕事はできた。

今でも当時のその人が、現在のボクの年上に思える。三十歳も下なのに。

ところが、最近、それ（酒飲んだシメにコーヒー）を試みるいい機会があった。

神保町に、今や老舗カフェとして、週末には観光客の行列ができる「さぼうる」という店がある。

ここは午前中から深夜まで、メニューが変わらず、いつでもコーヒーも酒も飲める。

その日はこのさぼうるで、初めて会う編集者との、打ち合わせだった。

昼間で、暑かったので打ち合わせなのに、思わず生ビールを飲んでしまった。

編集者は、ボクよりずっと若い。

ボクが、

「暑いから、ビール一杯飲んでいいですか」

と言うと、パッと表情を輝かせて、

「いいですね！　じゃあボクも」

彼もビールを頼んだ。

ボクは初めて会う編集者と、いきなり酒を飲むなんてことは、まずない。だけど、その仕事が酒がらみの原稿だったことと、編集者の勧める出版社が神保町だったこと、そして、さぼうるはボクが二十歳の頃から、昼はコーヒー夜はビールと、よく利用した店だったことが重なって、ふと頼んでしまった。

面白いアイデアがいくつも出て、彼はますます楽しそうで、もうこれで原稿は大丈夫、もう一軒行きませんか？　という勢いだった。

そこで、ボクは、

「（この店で）コーヒー、飲んでシメませんか」

と言ってみた。彼は
「え……ハイ！」

と、一瞬戸惑ったように答えた。

昔のボクも「コーヒー飲んで行こう」と言われ、こんな顔をしたのだろうか。

さぼうるのコーヒーは、昔ながらのカップに入っていて、昔のコーヒーの味がする。

昔ここでコーヒーを飲んだ時のおいしさが残っている。

それを飲んだら、ボクはもっと酒を飲みたい気持ちがスーッと治まった。

そして水道橋から電車に乗って仕事場のある吉祥寺に戻った。

珍しく、飲んできたのに、すぐ机に向かった。短い文章が一本書けた。

「コーヒー一杯飲んでいこう」
と言うが、いつもこのくらい
残していた

『これ喰ってシメ!』特選
個人経営飲食店十撰⑩

珈琲 立吉《たつきち》

（東京・吉祥寺）

今や週末はいつも混んでいる店なので、平日の雨が穴。ビル中の比較的新しい店舗なれど、店の歴史が空気に滲み出ている。

おはよう
ごはん

おはようごはん　まえがき

「これ喰ってシメ！」を考えていたら、ふと、その反対はなんだろう、と思った。

「これ喰ってアケ」。

いや、それは、徹夜明けとか、夜勤明けみたいになってしまい、むしろシメだ。

「これ喰って始め」みたいなことか。なんかちょっとピリッとこないな。

あ、昔、幼児が眠りから覚めた時、母親が与える食べるものを「おめざ」と言ったりしたな。お目覚め、ということだろう。

太宰治の何かの本に（太宰自身の文章じゃないかもしれないが）、寝起きの太宰が、「おめざ！」

と言うと奥さんが太宰の寝床にビールを持っていった、というのを読んだことがある。

いい大人が度を超えた幼児ぶりだ。しかも朝から酒……。

それはそれとして、これを食べておしまいということは、あとはおおむね帰って寝るだけだ。ということは、その睡眠から覚めて最初に食べるものが、これ喰って始めだ。

それを食べて、今日の行動が始まる。

その行動が仕事にせよ、勉強にせよ、家事にせよ、遊びにせよ。

まあ、会社勤めの大人の目覚めの一食は、パンとコーヒーだけかもしれない。

もう少し余裕があったら、パンはトーストしてバターを塗るか。

コーヒーは、朝自分で豆を挽いてドリップで淹れるか。

そこに目玉焼きが付くかもしれない。焼いたベーコンも添えるかもしれない。

レタスとキュウリとトマトのサラダも作るかもしれない。

さらに食後に、イチゴとバナナを切って、ブルガリアヨーグルトをかけるかもしれない。

いや、それをするなら食前にもろみ酢ドリンクを飲むか。

うーん、理想だな。朝はやっぱりそんな時間がない。それどころじゃなく眠いし。

ごはんと納豆だけ、というのもある。ボクはそれでも全くかまわない。

ニューヨークのビジネスマンの朝食は、リンゴ一個というのを聞いたことがある。

中国の都市部の勤め人は、通勤途中に屋台で揚げパンというのもテレビで見た。

それらにはやっぱり違和感がある。ニューヨーカー、チャイニーズ、それでいいのか？

それでお昼までもつのか？

って、納豆ごはんに言われたくないね。余計なお世話だ。

それで、一日の最初の食べ物を、あえて朝食と呼ばず、やわらかく言って、

「おはようごはん」

としてみた。「これ喰ってシメ！」のおまけとして読んでいただければ幸い。

おはよう立ち食いそば

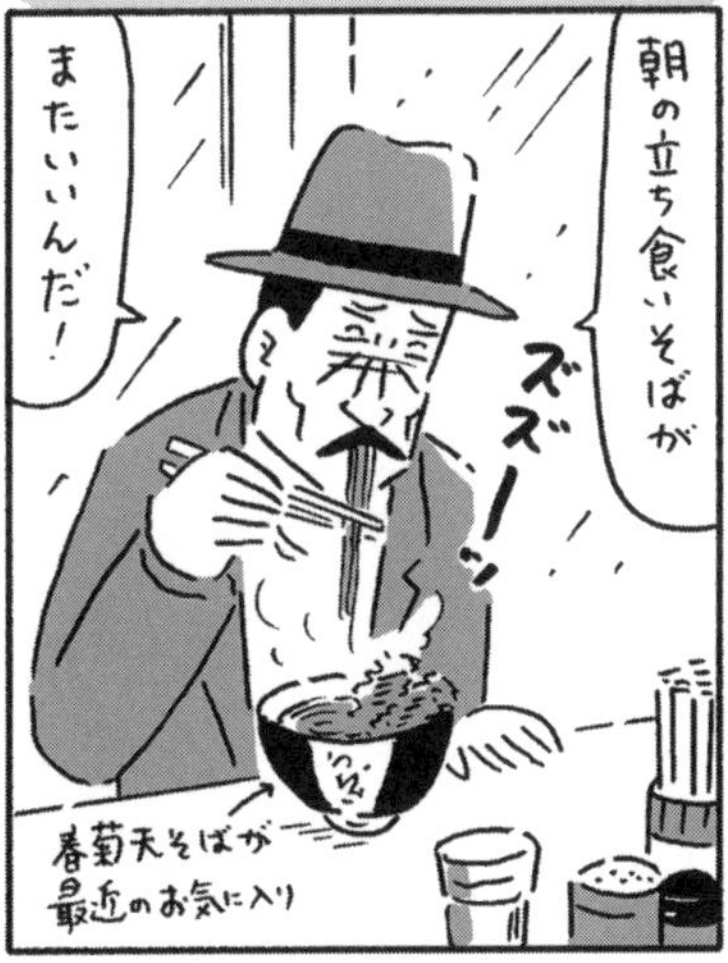

朝の立ち食いそばが
ズズーッ
またいいんだ！
春菊天そばが最近のお気に入り

地方に行き、宿に朝食が付いているのに、あえてそれを食べずに出て駅の立ち食いそばで済ますことがある。

済ます、と書いたが、

「食べたい」

と思った時に食べる立ち食いそばは、ホテルのヘタな朝食やバイキングよりずっとうまい。

ところが、立ち食いそば屋なんてどこの駅でもあるだろうと思って何も考えず出かけたら、それが一軒もない。

そんなことが青森で一度あった。

あの時は相当まいった。今でも忘れない。

腹は減るし、朝早くて飲食店はまだ開いてない。足早に歩き回ったが、モーニングをやってる喫茶店一軒ない。足が疲れてきて、だんだん自分に腹が立ってきた。

駅に立ちそばがないとわかった時点でホテルに戻ればよかったのに、粘って周囲を探し歩いたためにモーニングの時間も過ぎてしまった。

結局、コンビニでパンを買って宿で食べた。悲しい悲しい朝の思い出だ。

以来、地方に行くと、駅周辺に立ち食いそばがあるか着いた当日確かめたりする。

そこまでして、俺は朝っぱらから立ち食いそばが食いたいのか。

ひと口に立ち食いそばと言っても、ウマイとこも、マズイとこもあるじゃないか。

伊豆で昔、酷い店があった。もう何十年も前なのに忘れない。

立ち食いそば屋なんてどこだってそんなに変わりゃしないだろう、と思っていた若い頃だ。

あれはマズかった。麺が、箸で持ち上げるだけで切れそうにぐにゃぐにゃだった。やわらかいんじゃなくて、ぐにゃぐにゃ。

口に入れたら、それがぐちゃぐちゃというか、にちゃにちゃした。汁も、なんだかひどくマズく感じた。麺のせいかもしれんが。

これはダメだと思った。腹が減っていたのに、三口食べて残した。立ち食いそばで残したのはその一回のみ。空腹のせいもあり、ムカムカした。

食べ物の恨みは恐ろしいと言うが、そうかもしれない。何十年もたった今でも、思い出すと嫌な気持ちになる。笑い話に昇華していない。

近年仕事で伊豆のその駅に行った時、探してみたがもうその店はなかった。その時「なんだ残念……」と思ったのは、マンガ家の好奇心だろう。コワイもの見たさ。

さて、最近アタリだった朝の立ち食いそばは、東京の神田の小さな店。

すごく朝早い新幹線で地方に行く仕事があった。朝起きるのも大変だし、荷物も多く、遅刻は絶対できないから、東京駅に近い神田のビジネスホテルに泊まった。

前夜、そのホテルに向かう道で、古そうな立ち食いそばを見つけた。

大型チェーンじゃないようだ。チェーンが嫌い、とは言わないが、できたら個人店的な昔ながらの店舗で食べたい。店主自らの工夫が見えるような。

その神田の立ち食いそば屋は「天亀そば」。

なんと二十四時間営業。（土日は休みのようだが）

翌朝、ボクが行ったのは七時。

そのつもりで六時過ぎに目覚ましの音で起き、カーテンを開けて窓を少し開け（少ししか開かないのだが）顔を洗って歯を磨いた。着替えて支度して、キャリーバッグをガラガラ引いて、立ち食いそば屋に向かう道では、もうすっかり腹が減っていた。もう勤めの人が歩いている。

赤信号の向こうに黒地に「そばうどん」の文字が白抜きされた暖簾が見えた。

横断歩道を渡ってすぐだ。「かけ」三四〇円は、やっぱり安い。

入り口は狭く、中も狭い。入った両側がカウンターになっていて、奥に注文カウンターがあり、その向こうが厨房だ。

すでに店内では四人の客が食べていた。四人でも店内は混んで見えた。その間を抜けて奥に進む。

ボクの前にひとり並んでいる人がいて、彼は
「天ぷらそば」

と注文している。

食券機がない。直接声で注文、現金払い。今どきうれしいじゃないか。「これぞお店だ」と思って財布の小銭を数える自分は古い人間、と冷笑してもらって結構。現金を持ち歩かない若者に、別に文句は何もない。

もうボクの後ろにひとり並んだ。何食べるか早く決めねば。

焦らなくていいのに、どうしても焦る。慌てる。結局、

「春菊天そば」

と言ってしまった。春菊天そば、実は食べたことがない。いや、あるかもしれないが、少なくとも三十年以上前だ。全然味を覚えていない。久しぶりの立ち食いそばで、何か珍しいものを食べたくなったのだ。

厨房のおばちゃんは、無言でテキパキとそれを作り始めた。

自分がこれから食べるものが作られる過程を見て待つ。腹が減っている時、飲食店でこれほどの楽しみはない。それは手際よくあっという間にできあがった。このスピード感こそ立ち食いそば。

最後に刻みネギをたっぷりかけてくれたのがまたうれしい。

お盆なんかない。丼を両手で持って、カウンターの端っこの空いてるところに行く。カウンターがまた狭い。奥行きがない。それも楽しいんだな。

一味をバサバサと振って、割り箸をとってパチンと割る。この儀式のような小さな行いが、なにかかけがえのない時間に思えるのであります。

まずはそばを引っ張り出して、口にたぐり込んで、啜る。

うん、うん、これだ！　ボクが立ち食いそばに求めるそばの味は、これです。

ちょっと太めで、食感がボソボソしたような麺。

つゆを啜る。あー、いいね。鰹節や煮干し出汁の熱い醤油汁が、おはようごはんとして最高。自宅では考えられない寝起きそば。

ネギや春菊天を、箸でつゆに押し付けて浸す。

そしてまたそばを啜り込む。いやうまい。これは手打ちそばとは全く違う料理だ。

ここで春菊天をひと齧りする。

うん。いい。ちょっとほろ苦いのがいい。なぜこれを三十年も無視していたんだ俺は。まあ、ガキにはわからんおいしさだ。

刻みネギの切り幅も太めでワイルドな感じ。それが熱い汁に浸かったところを、そばと一緒に啜ると、これまたたまらん。このネギ、薬味というより、具。うまい。

そうこうしてるうちに、つゆの表面に不思議な金色の油が浮いてきた。これは春菊天ならではであろうか。初めて見た。啜っても特に違和感はない。というかおいしい。春菊天の味が確かに出てる。

そばを啜って、少し柔らかくなった天ぷらを食べる。うん。うまい。

天ぷらはどんどん汁を吸ってブヤブヤになりながら、つゆに油を浮かべていくだろう。この変化が天ぷらそばの醍醐味だ。

いろんな意味で、いや、あらゆる意味で、初めて入ったこの店、ボクの好みど真ん中だ。

もう一度おさらいする。

店名古典的、暖簾古い、間口狭い、入りにくい、店内狭い、券売機ない、おばちゃんに口頭注文、そのおばちゃんの顔がクラシック、現金払い、お盆なし、狭いカウンター、粗野なネギ多し、七味でなく一味、ボソボソ麺、濃いめの汁、春菊天の葉っぱっぽさと苦味、そして謎の金色油。

以上の要素、もう全部が全部、好き。ありがたい。こんな店、なかなかない。来てよかった。

食べ終わって、曇ったプラスティックコップにセルフで汲んでくる冷たい水を飲む。これで画竜点睛。

久しぶりにつゆも全部飲んでしまった。器を返して「ごちそうさま」と言い、店を出る。俺はきっと今ちょっとネギ臭い。全然かまうもんか。心の芯まであったまった。

店に入って出るまでは、たかだか五〜七分程度だっただろう。だけどボクはいいTVドラマを一本見終わった気持ちで、旅に出たのだった。

おはよう市場定食

新千歳空港から、特急に乗って小樽へ取材に行った。

小樽は人生三度目だ。今回は取材後のボクの文章の挿画家として、弟の久住卓也が同行している。

着いて、すぐいろいろ取材して、宿に泊まって、翌朝。

小樽駅前の三角市場に、朝ごはんを食べに行った。ボクは小樽に来たことはあるがここは初めて。弟は小樽自体初めて。

さほど広くない市場内には、朝から活気があり、六店舗のお食事処が朝七時から営業していて、どこもお客さんが入っている。外国人観光客も多い。

狭い通路も観光客でいっぱいだ。混雑が苦手なボクは、どこに入るか迷ってるうちだんだん肩が凝ってきた。もうどこでもいいような気がしてきた。

どこも間違いなくおいしいのだ。それは入るまでもなくわかっている。なんせ小樽の市場なんだから。

苦しまぎれに、一軒の食堂に入る。

入った決め手は、外から見て店内がわりと空いていたこと。それと、店の前の宣伝メニュー写真が、比較的おとなしかったこと、かな。

どこも店前にイクラ丼ウニ丼カニ丼などの目がチカチカするような写真と値段が踊っ

ている。あれに、ちょっと目が酔った。

三十分以上は歩き回っていて、店に入ったのは午前八時過ぎだった。こういう時、弟は黙ってお兄さんについてくる。特に初めての場所では、自分の意見をあまり言わない。小さい頃からそうだった気がする。そしてお兄さんが優柔不断に迷っていても、

「もうどこでもいいじゃん、疲れたよ。入ろうぜ、腹減って死にそう」

なんてことは、絶対言わない。

この日も最終的にボクが「ここはどうかな?」と言った店にも、

「うん、いいよ」

とだけしか言わなかった。

入って、座ったら、何か肩の荷が降りてホッとした。

壁を埋め尽くしたメニューに、また目がクラクラする。

やはり、イクラ丼ウニ丼カニ丼それらのミックス丼、が目立つ。

だけど朝っぱらからイクラ丼って、いくらなんでも……って、駄洒落ではないが、そういうのは、昼とか午後とかでいいんじゃないだろうか。いや、ウニイクラは夜の酒の肴でもいい。

そもそもそれらは二五〇〇円とか三〇〇〇円とか四〇〇〇円とか、平気でするのだ。

朝めしの値段じゃないだろ。

ならば北海道だし小樽だし「サーモン定食」はどうだ。値段も一三〇〇円と、メニューの中では比較的安いし。

サーモン、と書いてあるが、写真を見る限り「鮭の塩焼き定食」だ。

それを「サーモン」と言われると、ボクはどうもおはようごはんの感じがしない。鮭の刺身のような気がしてしまい、定食というより、酒の肴的に思えてしまうのだ。

「塩ジャケ」「焼鮭」というのが、いかにも旅館の朝ごはんという感じがする。まあ呼び方なんぞどうでもいい。そこに、単品で、イカの塩辛を付けてもらう。

弟は「蟹いくら丼」の「ミニ」というのを見つけて頼んだ。彼は小樽初めてだし、海鮮丼もいいだろう。ミニ、いい選択。なんて兄はどこまでもエラそうだ。

注文してしまうと、なんだか妙にウキウキしてしまい、つい、

「せっかくだから小樽ビールの小瓶ての、頼んでみない？」

と提案してしまった。弟は
「ああ、いいよ」

と微笑み、兄を馬鹿にしたり笑ったりしない。二本頼んだ。

旅先だし、市場見学というひと仕事終えたし、小瓶だから二人で一本もケチ臭いし、

と自分に言い訳を並べて。

でも実際市場内を何往復も歩いてる。しかもこの市場はなぜか斜面に立地し、通路は緩やかな坂道になっていて往復歩いていると、知らぬ間に足が疲れる。よって、朝ビールが実にうまい。あ、そういえばホテルでは朝風呂にも入ってきたのだ。

定食はビールを飲んでるうちに、もうやってきた。

もう少しゆっくり飲んでてもよかったのに。

ところがこの焼き鮭を見てビックリ。切り身が大きくて分厚い。そして見たことないほど美しい。

普段、箸でちまちまつついてシコシコ食べる塩鮭とは、まるで違う。

箸をぶっ刺して、ゴッソリ切り崩して、かたまりで口に放り込んで食うシャケだ。

ウマイ！　味がいい。焼かれた香りが最高。ほくほく。こんな焼き鮭初めてだ。

まずはビールのアテにと思ったが、ひと口これを食べてしまうと、ビールどころではなく、すぐに白いごはんで追っかけたい。

白めしをかっ込む。

うぉー、これはタマラン。めしうまし。それが口の中で鮭と混ざると、最強。

これが小樽の実力か。

ごはんの炊き加減がすばらしく、米の味がおーいしい。水もいいんだろう。

思ったとおり、塩辛をのっけて頬張るとタマラン。

鮭と塩辛でごはん、箸が止まらず。小樽ビールどころではない。

味噌汁のミが、小さいホタテ三個という贅沢。

だが啜ってみると、味噌汁の味的にはそれほど大したことなかった。

味噌がボクの口にはそれほど合わないのかもしれない。味付けもちょっと雑というか塩っぱくて、なのに味噌の風味が薄い。

ホタテ三個は贅沢だが、味噌汁好きのボク的には、ホタテは一個でもいいから汁部分をもう少しがんばってほしいと思った。

しかも小鉢にはサーモンの刺身まで付いていた。もうこれはボクにとって「なくてもいい」という一品になってしまって、かわいそうなほどだ。

かわいそうといえば、少し残った小樽ビールが寂しそうだ。完全に話の輪から、のけものになってる。瓶が、テーブルの隅で目に涙を溜めて立っている。

だからしかたなく飲んであげる。

しかたなく、だと？　飲んであげる、だと？

いよいよオマエ何様で、どういう立ち位置でものを言ってんだよ！

食堂の皆さんごめんなさい。市場のご馳走に口が奢っていたかもしれません。

ホタテ三個味噌汁にもサーモン刺しにも謝る。ごめん、言いすぎた。

小樽ビール、すみません、ほとんど味覚えてない。今度行った時、ちゃんと味わって飲みますんで許してください。

だが、それほどに、いい大人が中学生のように調子づいてしまうほどに、鮭と塩辛と白いごはんのおいしさが、凄まじい威力だった。

弟はというと、実においしそうに蟹といくら丼ミニを食べていた印象があるが、これもあまりよく覚えていない。

弟の食べた感想、ちっとも聞いてなかったかもしれない。いつもながら、自分本位身勝手な兄で申し訳ない。

しかしボクも海鮮丼食べるとしたら、もう「ミニ」でいいな。

俺なら「いくらイカ丼」にしたな。（なんかまた弟に対しうっすらエラソー）

小樽は塩辛も旨いけど、もちろんその元のイカ刺しも抜群。

イカ刺しにわさび醤油つけて、白いごはん最高。

「ミニいくらイカ丼」って、なんだか通っぽくないですか。クールじゃないですか。

ウニカニ外し。あえて。強打者がスタメンに入ってない感じ。

ウニとカニは、ナイターのために温存。

とかなんとか言いながら、楽しくおはよう市場ごはんをいただきました。

そういえばあの時、市場のBGMにYMOの「テクノポリス」がかかってて、なんだかそぐわなくておかしかったな。ロボット声の「トキオー」。

すぐ真似して「オタルー」って言って笑ったっけ。しょうもない兄弟だ。

たまには「松屋」でおはようごはん

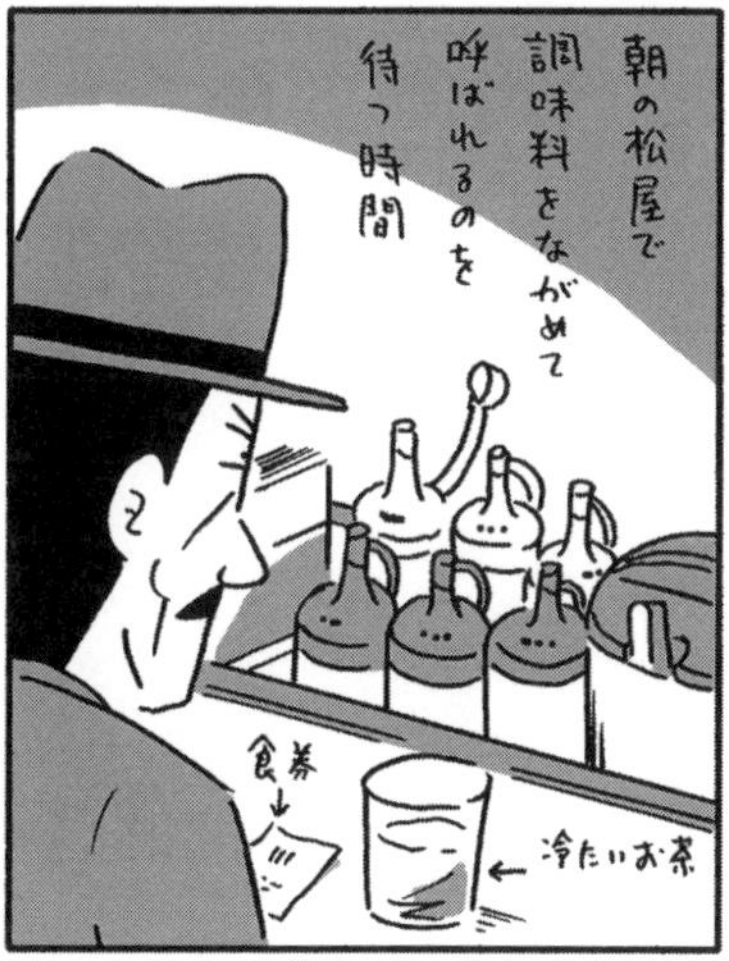

朝の松屋で調味料をながめて呼ばれるのを待つ時間
食券
冷たいお茶

すっかり忘れた頃に食べると、おいしくてありがたいもの。ボクの場合、そのひとつに牛丼チェーン「松屋」の朝定食がある。先日、久しぶりに食べてあらためて静かに深く感激した。

写真を見てくださいな。ごめん、知ってるかもしれないけど。

牛丼の小鉢、生卵、わかめと油揚げの味噌汁、ここにごはんが付いて、二八〇円。二八〇円ですよ。この安さは、はっきり言って個人店泣かせですよ。個人店じゃ逆立ちしたってそんな値段で一食出せません。出してたらすぐ潰れます。

ま、その話は置いておいて。

券売機でチケットを買うと、カウンターに行かなくても注文がオンラインで厨房に伝えられる。

だからボクはセルフサービスのドリンク提供機（つーの？）に直行して、温かいお茶を選んでプラスティックのコップに注いで、テーブルにつく。

この軽くて安っぽいプラコップが、いいんだな。松屋ならではで。

カップヌードルが出た当初、付いてくるプラスティックのフォークで食べるのが、好きだった。そのチープさが。割り箸で食べるよりも、なにか遊びっぽくて。

今はもう、カップ麺食べる道具は、プラフォークだろうと割り箸だろうと、どっちでもよくなっちゃったけど。その「どっちでもよくなった自分」はちょっと残念だ。そんなところでオトナにならなくていい。

松屋のプラスティックコップは、まだ好きだ。ガラスのコップにしないでほしい。あんまりお茶の味がしないお茶を啜っていると、自動音声が、

「食券番号、ヒャク、ヨンジュウ、サンバン、でお待ちの方、カウンターまでお越しください」

とか言う。ボクの番号だ。もうできた。空いていると早い。

さっそく立ち上がって取りに行き、定食を持ってテーブルに戻る。

取り放題（とは書いてないけどさ）の紅生姜をどさっと添え、牛丼チェーン特有のあんまり辛くない七味をバサバサッと振る。ついでに味噌汁にも七味をちょっとだけ振ってしまう。この味噌汁にちょい七味は、味のためというより儀式に近い。

必要でないとわかってるのに無意識に振ってる。この習慣、オヤジだと思う。そのセンス。松屋はプラスティックのコップだからこそいい、という感覚と、真逆。惰性七味は、オ・ヤ・ジ。

そして、紅生姜を取ってごはんの脇に添える。これは多めね。牛丼屋の紅生姜はガキもオヤジも、ドサッといっていいのではないでしょうか。付け合わせというより、

ボクはお新香の一種、もっと言えば野菜料理の一品だと思っています。

ただ、レディはあんまり「紅生姜ドサッ」はエレガントじゃないと思いますが。

そして、はやる心を抑え、心静かにしかし箸は手早くチャッチャと生卵をとく。これは儀式というより、準備。位置について、ヨーイ。

昔、父は卵かけごはんを食べる時、まず器に落とした生卵から、箸であの白い小さなカラザを神経質に取りのぞいたのち、ものすごくよくかき混ぜていた。子供心に「シツコイ」と思うほど執拗に混ぜていた。

ある時、商売をやっていた祖父が、茶碗のごはんのてっぺんに窪みを作り、そこに生卵を割ってボトンと落とし入れ、醤油をかけまわして箸でざくざくと軽く混ぜて、もう食べ始めるのを見た時は、

「おじいちゃん、気絶するほどカッコイイ！」

と叫びそうになった。それに比べて我が父のなんと「女々《めめ》しい」ことよ。あのカチャカチャ、チャカチャカ生卵をかき混ぜる音が、姿が、男らしくないどころか貧乏臭い。いつまでもいつまでも。かっこ悪い大人の極み。と思った。

以来、ボクはカラザなんて気にしない。生卵は混ぜすぎない。

そして、牛肉を適量箸で取って、生卵に軽く浸すようにつけ、ごはんに行かず、そ

のまま口に運ぶ。あったかい肉と冷たい卵のハーモニーがたまらない。朝からすき焼きのていだ。

ボクは卵料理でいちばん好きなのは、すき焼きの時の生卵。それが、二八〇円で（くどい）実現できる事実。しかも朝っぱらから。知らない人は不幸だ。

二切れ目の卵浸し肉は上記のものをごはんにのっけて、一緒にごそっと食べる。たまりません。あたたかいおまんまのありがたさが、身に染みる。

ここで味噌汁をずずっと飲む。うん。悪くない。

この場面の「悪くない」は、「ものすごくいい（ニヤリ）」のニュアンスをいやらしいほど含んでいる。

朝、熱い味噌汁を啜れる贅沢。家じゃ面倒くさい。時間がない。前の晩の残りをあっためるのがせいぜいで、ネギワカメはぶやぶやだ。

松屋の味噌汁は少なくともネギは入れたてで、繊細な歯応えもある。味噌汁として新しい。立派なおかずです。

ここで紅生姜を単独で食べる。うん。うまい。お口直し越えて、根菜としておいしい。牛丼屋のは大体どこも辛すぎないから、ためらわずいっぱい口に放り込んでも大丈夫。うまい。

また肉を取って、卵に浸し、ごはんの上にワンバウンドさせて、口に運ぶ。

追っかけ、ごはんを頬張る。

ああ、牛丼めしの馥郁《ふくいく》たるおいしさよ。

心に余裕が出て、もぐもぐやりながらあたりを見渡せば、皆さん食べてる食べてる。

本当に、今は老若男女が朝から牛丼屋を利用している。

ほんの二十年前までは、若い女性がひとりで牛丼屋に入っている光景は、まず見ることがなかった。今はラーメン屋でも立ち食いそばでも、普通に見られる。

時代は変わったなぁと、こないだもその前も思ったことを、また感慨深げに感心しているのはボケかかった証拠だ。

いやボケようと何しようと、この朝定食はすばらしいと思います。

若い頃、これだけではおかずが淋しい気がして、単品の納豆や焼き海苔をつけたことがあるが、結局、持てあました。いらない。デフォルトだけで十分、やれる。

そもそも、肉を食べ終わったら、残りの生卵に醤油を入れてかき混ぜ、ごはんにかけ回して卵かけごはんとしてシメたい。それには納豆などは、邪魔。

海苔で卵ごはんを巻いて食べるのもうまいが、たいがい海苔が余る。残すのは嫌だから海苔だけで無理に食べたりする。「余る・無理する」に余計なお金をかけることはない。

細いセロハン袋に入った焼き海苔なぞ、旅館の朝めしで食すれば、それでよいではありませぬか！（なぜか突然、詰め寄ってくる若い侍の口調）

卵かけごはんに、紅生姜と味噌汁、この三点セットで仕上げる潔さがよい。

きれいに平らげて、温かいあまり味のしないお茶を飲むと、身も心も満足して、ほっとする。

朝七時半にド駅前でもう店が開いていて、これを食べられるって、ありがたいことだ。感動である。

しっかりごはん入れて、さあ今日も一日がんばるぞ。

む、お父さんと小さな子供が入ってきた。そうか、今日は日曜日だ。

親子はこれを食べてどこかに遊びに行くのか。お母さんは家なのか。朝ごはんは二人でここで食べて、遊園地とか行くのかな。

お母さんは、久しぶりに思いっきり寝る日なのかもしれない。

真心のおはよう
喫茶店ごはん

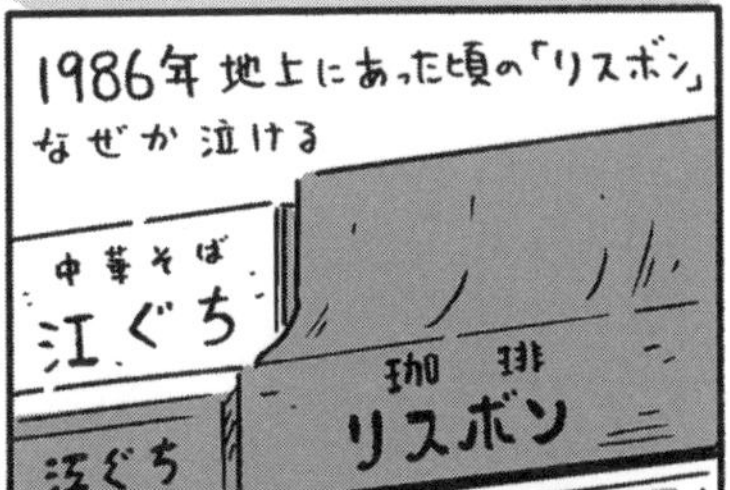
1986年 地上にあった頃の「リスボン」
なぜか 泣ける
中華そば
江ぐち
珈琲
リスボン
江ぐち
そば

ボクの生まれ育った東京三鷹の駅前通りに「リスボン」という喫茶店がある。ビルの地下にあるので、初めてこの街に来た人は気づきにくいと思うが、ボクはこの店を「三鷹の良心」と思っている。

最初に入ったのは一九七〇年代後半だ。ボクは二十歳くらいだった。

その頃この店は地上にあった。隣りが「中華そば　江ぐち」、その隣りが「割烹　はしもと」。この三軒が小さな長屋のように並んでいた。

ボクは真ん中の「江ぐち」に友達と通っていた。当時の話は二十代半ばに単行本に書いた。(『小説中華そば・江ぐち』新潮文庫ＯＨ！文庫、増補改訂版『孤独の中華そば・江ぐち』牧野出版)

江ぐちでラーメンを食べた後、たまに隣に移って「リスボン」でコーヒーを飲んだ。

その頃のリスボンは、店主がひとりで切り盛りしている、席数七、八席のカウンターだけのコーヒースタンドで、メニューも、コーヒーとトーストくらいしかなかった。

当時の忘れられない思い出がある。

江ぐちでラーメン食べて、店を出て、隣のリスボンに入ったら、客のいないカウンターの中でマスターが江ぐちのラーメンを啜っていたのだ。思わず笑ってしまった。

それから、九〇年代になって三軒長屋は取り壊され、そこに大きなビルが建った。

そして三軒はそのビルの地下一階に入って、営業を再開した。

時が流れ、江ぐちは店員の高齢化で閉店した。その後、はしもとも閉店した。

リスボンだけが、地上にあった時と同じ屋号で、同じ店主が営業している。

リスボンは地下に移った時、かなり広くなった。L字カウンターの他に、テーブル席が六卓ほどできた。もちろんそうなると、とてもマスターひとりでは回せず、アルバイトの若い店員も入った。

と、いうことはガラス張りのドアの外から見て知っていたが、ボクは地下に移ったリスボンには長らく入ることはなかった。理由は特にない。

でもある時、編集者と待ち合わせた店が満員で、しかたなくリスボンに入った。

席に着き、なにげなくメニューを見て目を疑った。

リスボンは、地上のコーヒースタンドとは、まったく違う喫茶店になっていた。

まず食べ物が爆発的に増えている。

トーストやサンドイッチやホットドッグがそれぞれ数種あり、ミネストローネスープやクラムチャウダースープ、玉子サラダや、ロースハムサラダまでざっと数えて二十五品目。ドリンクも各種ジュース、各種フロート、シャーベットができていた。

マスター大丈夫なんですか？　と言いたくなるほどのメニュー数だ。

しかも、メニューには「わがまま対応します」とあり、プラス三〇円から五〇円で、ドリンクの大小、トーストの各種トッピングができる。

メニューも客も忙しさも膨れ上がっただろうに、マスターの対応は以前と変わらず、言葉やさしく物腰やわらかく、客にもバイトさんにも感じいいままだ。

どういうことなんだ？　と戸惑い、だが気がつけばリスボンに通うようになっている。つまりおいしくて安くて、居心地がいい。

いや、本当にいい店になった。こんなことがあるのか、という変わりようだ。

しかしリスボンのマスター、いったい何歳になられるんだ？　ずーっと同じマスターなのだが、四十五年もの間、見た目と声の印象が全然変わらない。まるでマンガの登場人物だ。

このリスボンのモーニング、つまりおはようごはんがスバラシイのです。ようやく本題に入った。

まずは、写真を見てほしい。

これは、ホットドッグのモーニング。

見よ、小さめのコッペに挟まれた、まっ赤な小ぶりのウインナーのかわいらしさ！

幅狭く切り込みを入れて炒められた姿。子供の頃お弁当で食べたタコウインナーを思い出して、年寄りだって心がはずむ。

そこにレタスとキュウリも割り込ませ、自家製ドレッシングとマヨネーズがかけ分けてある。作業が丁寧だ。

パンは焼いてあるので、熱い。表面がパリッとしていて香ばしい。もちろん中はしっとりふかふか。

しかもホットドッグは、食べやすいように、真ん中で斜めに切ってくれている。これはオジサン、助かる。大きいままは、こぼしやすいからね。

朝、自宅でトーストは食べられても、こういうホットドッグは、まず食べられない。外食ならでは。外食のたまものだ。

そして添えられたレタスとトマトの

サラダ。野菜がいつもみずみずしい。ホットドッグとは違うドレッシングがかかっている。芸が細かい。

さらにミニスパゲティですよ。しかも、この部分は日替わりで、ポテトサラダだったり、ケチャップ味のペンネだったりするのだ。

そこにゆで卵を二つに切ったのを添えて完成。マスター、そんな、切らなくていいっす、卵は丸のままで！　と言いたくなる。

このゆで卵がしみじみおいしい。卵を茹でただけなのに、一品料理。ほんのちょっとだけ塩を振って。小さめで半分だからひと口で食べられる。かたさの違う白身と黄身の味が、ぐずほろと口の中で混じっておいしくなっていく過程も、この朝食のハイライトのひとつだ。

このモーニングセット、これがコーヒー三五〇円に、プラス一七〇円で付くんですよ、よ、この手間をかけた毎日違うセットが、たった一七〇円で！

泣けませんか。これは三鷹の良心、と言っていいでしょう？　この世知辛い世の中、このご時世に。いつのまにか忘れていた、町人の人情を感じますです。

モーニングには、ホットドッグがトーストになったセットもあって、こちらはプラス三〇円でジャム・ハチミツ・ピーナッツバター・マーマレードのいずれかが付けられる。かゆい所に手が届くサービス。

しかも、毎朝七時半開店。これは勤め人には嬉しい。チェーン店ならまだしも、個人店でこのサービスで、七時半開店はなかなか大変だと思う。マスター、朝何時に起きてるんですか？

カウンター端には、その日の新聞とスポーツ新聞が数紙たたんで並べてある。

ああ、昔の喫茶店はこうだった。こんな店でコーヒー啜って、その日のスポーツ新聞開いて、ほっとひと息ついたもんだ。

もう、オジサン、今どきのお洒落カフェ行けませんよ、リスボン知ったら。

店にはやっぱり圧倒的に常連さんが多いが、年齢層は幅広い。学生さんもいれば、おばあちゃんの一人客もいる。買い物帰りの主婦二人連れもいれば、カップルもいる。ものすごい機嫌の悪そうな親父が、ブスーッとコーヒー飲んでスポーツ新聞読んでたりもするが、でも誰にも迷惑はかけていないから気にならない。ユーモラスな動物だ。食べたらすぐ帰るし。

近所で、こんな至福のおはようごはんを食べることができる幸せ。

さらに、ランチだから詳しい説明はやめておくが「ランチバスケット」も感動感激涙もののメニューなのよ。

写真を見よ。二種の調理パン・サラダ（パスタ含む）・ヨーグルト・フルーツのセットなんだけど、内容が全部、日替わりで違うんですよ！　そんでこれがドリンクにプラス三五〇円で食べられるのだすよ。（興奮して語尾が変）

その名の通り小さなカゴにぎっしり詰まった、店主の心尽くし。

ランチが始まるのは午前十一時からなので、遅く起きたらこのランチが、おはようごはんになるのだが、驚いたことに、ランチは閉店時間の夜八時までずっとやってる。それじゃディナーだっつーの！

「おはようごはん」でありつつ「これ喰ってシメ！」も満足な、驚異の店だ。

最高の離島おはようごはん

奄美大島に行った。初めての奄美。

某飛行機会社の機内誌にエッセイの連載をしていたら、その機内誌が急に廃刊することになり、その最終号で取材として行かせてもらったのだ。贅沢取材。海辺のコテージに泊まって、近所のマーケットなどに買い物に行き、自炊したりしながら島時間を楽しもうという、コロナ下の地味生活に慣れた身には夢のような二泊三日だ。

緊急事態宣言は解かれたが、島ではまだ飲食店は休みが多いという。特に居酒屋はやってないらしい。全然かまわない。離島にいられるだけで十分。

ボクは自動車の免許を持ってないから、島の中の移動はタクシー呼ぶか、宿の人の車に乗せてもらうか、歩くしかない。バスは本数が少ない。でも別にそんなに移動しなくていい。

さて、奄美のコテージに到着してみれば、目の前はドーンと海。

海、濃紺から沖に向かってエメラルドグリーン。めちゃくちゃきれい。

広い空、夏空だ。浮かぶ雲はマシュマロのようだ。笑ってしまう。

いやぁ、わかっちゃいたけど、完全に南の島。絵に描いたようなリゾート。でも砂浜には誰もいない。

もう十月だし、海に入るなんて考えもしなかった。だから水着なんて考えも及ばず、持ってこなかった。というか、近所のプールにさえご無沙汰しすぎて、水着の類いをどこにしまったかもわからない。

ところが来てみたら暑い。暖かいくらいに思ってたら、暑い。すぐにTシャツ一枚になった。

なんだ、泳げるじゃん。目の前の海で。

管理人室に行って、貸し水着などないんですか、と聞いたら、

「ありませんけど、こっちの人は水着なんか着ないで、Tシャツで入っちゃいますよー」と笑顔で言われた。

そうか、真面目に泳ぐわけでもないし、誰も見てないし、それでいいか。

と、半ズボンとTシャツで浜辺に向かった。午後二時ぐらいだ。

ボクは三年前に、心臓の大動脈弁の手術をしていた。

手術二年前、自覚症状は全然なかったけど、人間ドックで「心臓にノイズがある」と言われた。大動脈弁から血液の逆流してる可能性が高かった。

二年様子を見て、あらためて精密検査を受け、手術に踏み切った。

それで、手術前から合わせて五年以上、心臓に気遣って、プールから遠ざかってい

た。夏になると必ず通ってた市民プールから。当然、海からも。

ごめんなさいね、病気話は嫌ですね。もうすっかり大丈夫ですからご心配なく。

それで久しぶりに水に入るのが、プールをすっ飛ばして、離島の海。

ちょっとドキドキしながら、波打ち際に歩いて行った。波の音が近い。潮風。

浅瀬に踏み入る。全然冷たくない。どんどん入っていき、腰まで海水に浸かる。

あぁ、この感じ忘れていた。さらに慎重に胸まで海の中に。

めちゃくちゃ気持ちいい！　やさしい波にからだが押される。

浮力で、水底の砂を歩く脚の下が少し心許ないようなこの感じ。

ああ、水の中、大好きだったんだと思い出し、感激。

宿で貸してもらったシュノーケリングセットから水中眼鏡だけ付け、そろそろと水に顔を浸けてみる。

うわぁ、きれい。足元に波模様を描いた白い砂がはっきり見える。ところどころその砂から岩が覗いている。

水に伏せるようにして、足を離し、からだを伸ばして浮いてみる。

ああ、いい。うひゃー、海、最高。気持ちいい。

近くの浅い岩場まで、浮かぶように流されるようにしながら、ゆっくり手足を動かして泳ぐと、小さなコバルトブルーの魚がたくさん横切った。これはもろ南の海だ。水族館でしか見ない魚が当たり前にいる。すごいすごい。

白と黒の縞模様の魚の群れがいる。黄色と黒の横縞のもいる。

ああ、こんなの十年ぶりくらいじゃないか、いやもっとか。八丈島以来?

その間、沖縄とかにロケに行ったが、冬だった。

忘れていた夏の海とその波に、Tシャツと半ズボン着たままだが、気持ち的には裸で戯れた。

ずーっとそうしていたかったが、手術後だしこの歳だし、とにかく無理はしない。三十分ぐらい海の中にいただろうか、からだが冷えきる前に海から上がった。

コテージに戻って、外のシャワーで足の砂を落とす。砂のついたTシャツも脱いで、お湯のシャワーを浴びる。

部屋に戻って、浴槽に湯を張り、今度は全裸でドボンと入る。これまた気持ちいい。

窓から午後の陽光がいっぱい射している。海で冷えたからだが温まっていく。上がって、Tシャツとベッドにゴロンとする。たかだか三十分泳いだぐらいなのに全身がだるく、でも心地いい疲れとはこのことなり。少し離れた波の音がどんなBG

Mより心安らぐ音楽だ。

「あー、サイコー……」

三十分ぐらい、そんなままダラーッとしてたかな。

そして暗くなる前に、少し離れたスーパーに歩いて買い出しに行く。

野菜とか鶏肉とかレンチンごはんとか。島バナナと、焼酎の小瓶とビールも。コテージには食器も包丁も電子レンジもある。

その晩は眩しいほどの月を見ながらテラスでビールを飲み、簡単なカレーライスを作って食べた。それから、黒糖焼酎のロックを飲んだ。

テレビもない。パソコンもない。部屋にはやさしい波の音だけがする。

ベランダに出ると、月が明るすぎて星があまり見えない。本当はいっぱいあるはず。

眠くなったので明かりを消してベッドに横になったら、あっという間に熟睡。

そして翌朝、カレーの残りとパンを食べて、迎えに来てくれたガイドさんの車に乗って、原生林とマングローブの森へ。

歩きとカヌーで一日堪能。全部すばらしい。恐竜時代を思わす巨大なシダが、ジュラシック・パークそのままだ。

お昼は町場の食堂で鮮魚の定食。これもおいしかった。

夜は、カレーの残りの食材でスープを作る。じゃがいも、玉ねぎ、ピーマン、キャベツと豚肉。コンソメと、島の塩で味付け。簡単男料理。

それでまた海の音を聞きつつ月の光を浴びて、黒糖焼酎。現地で飲むとまた旨い。

ここまで完璧でしょう？　そして、寝て。

三日目の朝、この十年ぐらいで、最高のおはようごはん。

ここまでの二泊二日は、この朝ごはんのための段取りだったと言いたい。

デッキにテーブルと椅子を出して、そこで食べる。

今日も、天気がいい。海も空も青く深くきれい。常夏、ではないが、そう言いたくなるような東京とは全然違う夏模様。

でも、食べるのは、さしたるご馳走ではない。

昨夜の野菜スープの残りと、島バナナと、オレンジジュース、それだけ。

でもそれを、誰もいない碧の海を前に、昨日までの島で過ごした二日を思い出して、ゆっくり食べる至福。

まさに最高中の最高。スープに奄美の時間が極上の出汁となって溶け込んでいる。

六十三歳のジジイひとり旅にしちゃ、おしゃれすぎるブレクファストじゃありませんか？

スープは煮込まれて昨夜より実際味がよくなってる。ボク的には大好きなキャベツと豚肉がポイント。

島バナナは皮が薄くて、酸味があって、東京で買うのと、全っ然違う。デザートを超えてる。

朝食後、テーブルを部屋に戻し、コーヒーを淹れてゆっくり飲んだ。

少し休んで、帰り支度をした後、名残惜しく二十分くらい海に入った。

宿の人に空港まで送ってもらう途中でお昼。奄美の郷土料理「鶏飯」を食べた。それもかなりのご馳走だったが、デッキで食べたおはようごはんには、敵わなかったな。

おわりに

一生のシメ！

最後はやっぱり「今際《いまわ》の際《きわ》」に食べたいものだろう。

一生のシメ。よく、

「死ぬ前に、最後に食べたいものは何？」

という質問がある。

その質問が嫌いで、

「そんなの、そん時になんなきゃわかんねえじゃん！」

と思っていた。

だってそれは「死ぬ前」、自分がいくつで、どんな状況にいて、季節がいつで、どんな天気で、何時頃かによるじゃないか。

死ぬ前、朝の自宅にいた場合と、夏の夜の吉祥寺の街にいた場合と、病院で家族に囲まれてたのじゃあ、最後に食べたいものは違ってくる。

ところがそういう考え方は、面白味がないらしい。確かに、元も子もない。少し気の利いた面白い食べ物を答えて、「あー、それいいねぇ」と周囲を和ませるのが、センスある大人というものだろう。

だが人間六十を過ぎると、死というのがすごく現実的になる。

「お陀仏するときは、もはや食うどころじゃない」

という残酷なユーモアが、「最後に食べたいもの」という楽しい質問の前に立ちはだかってくるのだ。


と、この項を書き直していたら。

父が病院で息を引き取った。九十七歳の大往生だ。

葬儀がとりおこなわれた。ボクは長男だから喪主だ。

父は火葬されて骨になった。

お葬式の最後は精進落としだ。

家族葬だったので、親類七人だけで、葬儀場の一室でビールや烏龍茶で献杯し、父の遺影とお骨の前で、食事をした。

終始穏やかな葬儀で、重苦しい空気も涙する人もなかった。

精進落としの間、みんなで父の思い出を語り、静かに笑った。

その時、この精進落としが、父の一生のシメのごはんなんだと気づいた。

人の一生の最後の食事というのは、自分の口でなく親族の口で食べるものだった。

最後は他人《ひと》の口で喰う、ってなんか面白い。

そういえば、人間は生まれる前、母の子宮の中にいて、お母さんの口から物を食べているのだ。

つまり誰でも、人生の最初と最後は、他人の口で食べるのだ。

父は冗談などまったく言わないおとなしい人だったが、こうして間接的に周りの人を面白がらせる人だった。

遺影の父の口元が、かすかに笑っている。

遺影は、父が七十歳ぐらいの時の写真だ。その写真しか、正面を向いた父の顔写真がなかったのだ。

当然、亡くなった時より顔が若く元気そうだ。

亡くなる頃は、与えられた病院食をそろそろ食べていたようだが、写真の父はまだ、納豆に生卵を入れて異様に丁寧に長時間かき混ぜて（そういうところがおかしい人だった）ごはんをモリモリ食べていた。

一番おいしいものって、結局それぞれの人の記憶の中にあるんじゃないか。

そしてそこに、一生のシメに相応しいものも潜んでるんじゃないだろうか。

急に遠い昔の夏の日を思い出した。

父の葬儀のあれこれを一緒に決めた四歳下の弟と、二人で近所の行き慣れたラーメン屋に行ったのだ。

暑い暑い日だった。

ボクは高校生で、弟は中学生だった。

店に入り、夏しかやっていない「冷やし中華」を二つ頼んで食べた。

食べながらふと見ると、周りの客がみんな普通の熱いラーメンを食べている。

冷やし中華を食べ進むほどに、みんなの啜っているラーメンのスープが、たまらなくおいしそうに見え、羨ましくなってきた。きっと弟もそうだった。

食べ終わる頃、カウンター席の隣にいる弟に小さな声で言った。

「あったかい汁がうらやましいな」

「え、うん」

「ラーメン、食べようか」

「え」

その反応で、弟も同じことを思っていたと確信したボクは、

「すいません、ラーメン二つください」

と言った。高校生の兄は弟より少しばかり金を持っていたし、その店のラーメンは一杯一九〇円だった。これは当時でもかなり安い。

正面にいた職人さん二人に、無言で笑われた。（よく食うねえ）という顔だ。

ボクと弟はうつむいて目を見合わせた。急に恥ずかしくなった。

ラーメンのおかわりをしたのは、後にも先にも、その一度きりだ。

ボクらは食べ盛りだった。からだは表通りの日差しのように強かった。

それでも、さすがに店を出た時、歩くのも大変なほど満腹だった。

二人して苦笑いしたが喋るのも辛く、黙って歩いて家に帰った。

あの二杯目のラーメン。あれが食べてみたい。

死ぬ前に食べることは、あらゆる意味で絶対に無理なラーメンだ。

自分の肉体の全盛期、元気絶好調の証《あかし》のようなラーメンを、一生のシメとして食べてみたい。

ボクは腹一杯で悶絶しながらも、あぁそうだったこうだったと笑って、重いお腹で天に昇っていくだろう。

久住昌之（くすみ・まさゆき）

1958年生まれ、東京都出身。

1981年、泉晴紀（現・和泉晴紀）と組んで「泉昌之」名でマンガ家デビュー。1999年、実弟・久住卓也とのユニット「Q. B. B. 」の『中学生日記』で第45回文藝春秋漫画賞。2019年には絵・文を手がけた絵本『大根はエライ』が第24回日本絵本賞を受賞。根強い人気を誇る谷口ジローとの共著『孤独のグルメ』は10以上の国・地域で翻訳出版され、2012年にTVドラマ化。そのシリーズすべての劇伴の制作演奏、脚本監修、レポーター出演を務めるなど、マンガ、音楽を中心に、多岐にわたる創作活動を展開している。

久住卓也（くすみ・たくや）

1963年生まれ、東京都出身。

美学校シルクスクリーン工房で岡部徳三に師事。1988年からは実兄・久住昌之と漫画ユニット「Q.B.B.」として活動を始める（近著に『古本屋台2』）。現在は漫画家、イラストレーター、絵本作家、挿絵画家として活躍。『なすのぼうや』『むしたちのうんどうかい』『1円くんと5円じい』『まんまるまんま たんたかたん』ほか多くの絵本、紙しばいを手がける。

［初出］

◆これ喰ってシメ！
『漫画ゴラク』（日本文芸社）2012年4月20日号より週刊連載された「これ喰ってシメ！」

（本書には20回分を収録）

◆『これ喰ってシメ！』特選個人経営飲食店十撰
月刊『飲食店経営』（アール・アイ・シー）2019年4月号より連載された「個人店の魂」
（本書には10回分の4コマ漫画を転載、ひとこと紹介を書き下ろし）

◆おはようごはん
スカイマーク機内誌『空の足跡』（スカイマーク）2021年1月号より連載された
「久住昌之のおはようごはん、おやすみごはん」
（本書には5回分を収録）

＊本書収録にあたり大幅加筆修正、一部書き下ろしを行いました。
＊本文内の情報は基本的に連載当時のものです。

画　　　　久住卓也

装　丁　　新上ヒロシ（ナルティス）

編集協力　　立花律子（ポンプラボ）

DTP
オペレーション　貞末浩子

編　集　　滝川昂（株式会社カンゼン）

これ喰ってシメ！

発行日　　2024年7月22日　初版

著　者　久住昌之
発行人　坪井義哉
発行所　株式会社カンゼン
〒101-0021　東京都千代田区外神田2-7-1 開花ビル
TEL 03(5295)7723
FAX 03(5295)7725
https://www.kanzen.jp/
郵便為替 00150-7-130339

印刷・製本 株式会社シナノ

ISBN 978-4-86255-729-2
Printed in Japan
定価はカバーに表示してあります。

ご意見、ご感想に関しましては、kanso@kanzen.jp まで
Eメールにてお寄せ下さい。お待ちしております。